拾春记华

——教与学的变革课堂实践成果集

CHUNHUA SHIJI

JIAOYUXUE DE BIANGE KETANG

SHIJIAN CHENGGUO JI

郝荣军　唐　铮　主编

中国社会出版社

国家一级出版社·全国百佳图书出版单位

图书在版编目（CIP）数据

春华拾记 ： 教与学的变革课堂实践成果集 ／ 郝荣军，

唐铮主编 ． -- 北京 ： 中国社会出版社 ， 2023.4（2024.8 重印）

ISBN 978-7-5087-6898-4

Ⅰ．①春... Ⅱ．①郝... ②唐... Ⅲ．①小学教育－教

学研究－北京 Ⅳ．①G622.0

中国国家版本馆 CIP 数据核字（2023）第 056224 号

春华拾记：教与学的变革课堂实践成果集

出 版 人：程　伟

终 审 人：胡晓明

责任编辑：张耀文

装帧设计：时　捷

出版发行：中国社会出版社

（北京市西城区二龙路甲 33 号　邮编 100032）

印刷装订：永清县晔盛亚胶印有限公司

版　　次：2023 年 4 月第 1 版

印　　次：2024 年 8 月第 2 次印刷

开　　本：170mm×240mm　1/16

字　　数：200 千字

印　　张：12

定　　价：68.00 元

编 委 会

序

叶圣陶说:"教育是农业,不是工业。"我对这句话深信不疑。的确,无论是育生或是育师,都需精耕细作,经历春播夏种秋收冬藏的过程,促其立言立德。

在走过的日子里,我和老师们一起研读学科课程标准,落实"双减"提质减负,深化教与学方式变革,耕于教研,细于教法,成于课堂,省于课后,探寻多学科育人的合力点。

燕子走了又来,桃花谢了又开,寒来暑往五六载,我每一天都在见证着老师们的成长:课堂教学,尽显"春华""秋实"风采;主题教研,夯实学科专业能力;作业设计,致力提升核心素养;课题研究,提高教师教育站位。

在教育的农田上耕耘,我也有一个"禾下乘凉梦"。如今,这个梦正在逐渐变为现实,优秀的教师队伍在壮大;全面发展的学生群体在成长。我们在孕育中收获幸福,用求真与奋进为师生的幸福人生奠基。

积力之所举,则无不胜也;众智之所为,则无不成也。在未来的日子里,我会和老师们一起,迎接挑战,积力、众智、皆胜、皆成。

郝荣军

2022 年 12 月

目　录

课程、课堂、课题实施劳动教育　养心、育德、树人促进全面发展
　　——学校劳动育人为先的实践探索 …………………………（1）
实施联结阅读策略　提升学生核心素养
　　——线上语文教学的有效尝试 …………………………（6）
运用思维导图提高学生语文综合能力 ………………………（10）
巧妙利用微课打造高效的小学数学课堂 ……………………（15）
好习惯成就精彩人生 …………………………………………（18）
美的初体验
　　——小学低年级数学美育初探 …………………………（23）
浅谈如何把握音乐教学中的重难点 …………………………（28）
对小学体育耐久跑教学的思考 ………………………………（33）
关于小学体育低年级情景化教学之思考 ……………………（38）
浅析足球训练课对学生的影响 ………………………………（42）
适合小学体育教学内容的游戏设计与应用 …………………（49）
小学足球教学采用比赛教学法的思考 ………………………（55）
浅谈如何在道德与法治学科中巧妙进行社会主义核心价值观教育 …（59）
让劳动技术课堂充满乐趣 ……………………………………（65）
有效利用课程资源　切实提高课堂实效 ……………………（70）
基于幼小衔接的美术教具制作研究 …………………………（75）
结合生活实际巧设小学英语课堂活动 ………………………（81）
打造美育浸润下的英语教育教学 ……………………………（86）
英语作业应"有声有色" ………………………………………（91）
在探究活动中提升学生的审美能力 …………………………（96）

借助实践活动提高学生的数学创新和应用意识 ……………………（100）

在小学语文教学中运用电子媒介改变刻板印象促进个性理解的几点尝试

…………………………………………………………………（104）

运用探究式教学和画图策略提升学生解决问题的能力 ………（108）

多元智能理论在小学语文教学中的实践研究 …………………（112）

浅谈小学英语阅读能力的培养 …………………………………（117）

关于小学英语语音中语流音变教学的研究

——以北京市某小学为例 ……………………………（121）

浅谈提升小学科学课堂效率的几点启示 ………………………（126）

"双减"背景下低年级作业的优化设计 …………………………（130）

浅谈语文教学中的美育 …………………………………………（134）

"双减"政策下构建"社团－信息化2.0"课后服务模式 …………（138）

"双减"背景下提升小学语文课堂教学效率的方法探究 ………（142）

用核心概念撬动思维发展　用推理能力培养综合素质 ………（146）

小学高年级语文教学中如何落实"以读促写　读写结合"策略 ………（150）

"双减"背景下运用读写结合策略提高语文课堂质量 …………（154）

浅谈预学单在语文教学中对提高课堂效率的作用 ……………（158）

应用"数量关系"培养学生问题解决能力的课堂实践 …………（162）

"双减"背景下低段读写结合的实践研究 ………………………（166）

"双减"下增强教师的课堂监控意识 ……………………………（170）

小学体育教学中实施美育教育的探析 …………………………（174）

趣味粉绘

——发现美创作美 ……………………………………（178）

课程、课堂、课题实施劳动教育
养心、育德、树人促进全面发展

——学校劳动育人为先的实践探索

摘要:学校是传承中国特色社会主义文化的重要阵地。在新时代背景下,全面加强中小学劳动教育、提高中小学生劳动素质,对学生成长和国家发展意义深远。朝阳区实验小学左家庄分校以劳动教育为途径,在"无劳动不教育"的理念指导下,学校立足本校实际,将劳动教育作为学校办学育人的特色,树立劳动育人为先的教育理念,构建一至六年级全时空的劳动育人体系,围绕"自我服务、家庭服务、校园服务、创意制作劳动"等领域,分内容、分阶段对学生持续进行劳动教育。合理安排课程内容,改革教育教学方式,强化以儿童为主体的探究性、体验式学习,为每个儿童搭建成长需要的阶梯。

关键词:劳动教育;全面发展;实践探索

劳动是人类生存和发展的基础,教育与生产劳动相结合是新时代党对教育的新要求,也是形成更高水平人才培养体系的重要内容。

2018年全国教育大会上,习近平总书记提出把劳动教育纳入培养社会主义建设者和接班人的总体要求,明确提出构建德智体美劳全面培养的教育体系。

2020年3月,中共中央、国务院印发《关于全面加强新时代大中小学劳动教育的意见》,对新时代劳动教育作出顶层设计和全面部署。明确劳动教育的总体目标是:通过劳动教育,使学生能够理解和形成马克思主义劳动观,牢固树立劳动最光荣、劳动最崇高、劳动最伟大、劳动最美丽的观念。

学校是传承中国特色社会主义文化的重要阵地。在新时代背景下,全面加强中小学劳动教育、提高中小学生劳动素质,对学生成长和国家发展意义深远。在"无劳动不教育"的理念指导下,朝阳区实验小学左家庄分校立足本校实际,将劳动教育作为学校办学育人特色,树立劳动育人为先的教育理念,构建一至六年级全时空的劳动育人体系,围绕"自我服务、家庭服务、校园服务、创意制作劳动"等领域,分内容、分阶段对学生持续进行劳动教育。

一、缤纷多元　构建劳动课程体系

基于学生的兴趣和爱好,不断改革、创新、拓展优质资源,开展以劳动教育为主要内容的拓展类三大课程:校本类、主题类、社会类。

(一)校本课程　领略文化强自信

2021年学校借助朝阳区青少年活动管理中心(以下简称管理中心)香河园校区上课的地理优势,结合校区师资专业特点,以及管理中心对校区特殊发展的定位,学校与管理中心携手为一年级学生打造了以趣味性、游戏性为主的"大美中国"——传统文化主题系列课程。课程以"书法、美术、京剧、茶艺、舞蹈"五项内容为支撑,以主题实践活动策划与实施为途径,面向小学一年级学生,构建通识类"主题活动课程 + 主题实践活动"相结合的活动课程体系。

书法——欣赏美,欣赏汉字之美,感知祖先智慧。

美术——绘制美,追寻美术起源,探索纹样之美。

京剧——鉴赏美,品鉴京剧之美,感受国粹魅力。

茶艺——品味美,学习茶道文化,品味茶道礼仪。

舞蹈——表达美,创造诗舞相融,体验身心合一。

孩子们通过生动、丰富、多元的课程内容,激发了对传统文化的学习兴趣,感受到我国文化的博大精深,对优秀传统文化有了高度认同感,初步树立了正确的价值观和审美意识,同时也体会到劳动人民的智慧与伟大。

(二)主题课程　实现多维全覆盖

学校利用"学科课程、学校活动、家庭劳动"三方面推动劳动教育课程。学校把各年级的劳动教育与学科课程有机融合,使劳动教育具有丰富性、趣味性、持续性。

1. 活 动 中 融 合

学校结合各项活动,把劳动教育、劳动意识与校内活动有机融合,确保劳动教育课程的丰富性。

劳动运动会:根据不同年龄特点将系鞋带、系扣子、穿衣服、夹豆子等生活技能与运动项目相结合,提高活动趣味性,在活动中掌握基本的生活本领。

校园科技节:不同年级设立橡皮筋动力车、手捻陀螺、纸桥承重等小制作项目比赛,在动手动脑劳动实践中树立"科学创新精神";开展星光小舞台展示、校园画展、校园征集令活动,在丰富多彩的艺术活动中提升"人文底蕴"。

"我是班级小主人":每名学生承担班级一个劳动岗位,擦黑板、分餐、倒垃圾等,形成人人为班级服务的氛围,在劳动中懂得"责任担当"。

"校园劳动三部曲":每日值日、每周扫除、每月校园志愿服务岗大清理,师生齐动手共同创造整洁、优美的学习环境。

2. 学科中渗透

学校在各学科课程中,融入劳动教育,体现劳动教育,从学科中推进,以课程推动劳动教育深入开展,通过多学科融合与渗透,使劳动教育无处不在,学习即劳动、生活即劳动、游戏即劳动,体现劳动教育的趣味性。

3. 家庭中体验

学校在家庭中推进劳动教育,把劳动教育向家庭延伸,开展"我的劳动日志"活动。孩子在家庭设立个人劳动岗,将家务劳动、变废为宝、社区实践、垃圾分类等活动相结合,拓展劳动教育内涵,倡导再生资源的二次利用,将校内所学运用于家庭,体现劳动教育的持续性。

劳动教育从活动、课程、家庭三方面推进,使孩子们受益匪浅。学会了劳动技能,提升了劳动意识,养成了劳动习惯。

(三)社会课程 筑巢引凤架桥梁

除了学校老师们开展的各类课程外,学校还积极邀请各类专业人士走进校园,为孩子们链接丰富多彩的课程资源。

1. 家长课程进校园

每学期每个班都有家长走进校园,为孩子们奉上丰富多彩的课程,内容涵盖传统文化、心理健康、安全自救自护等,充分挖掘家长资源,丰富学生课程内容,为家校共育奠定基础。

2. 专业课程进校园

心理课程——学校与中国少年儿童出版总社合作推出"知心姐姐校园

心理健康项目",开展全校范围的家长和教师的线上线下培训、学生集体心理活动和个性辅导,让学生在活动中学会合作、调节自我、磨炼意志。

安全课程——邀请中国少年儿童交通安全大使、法制副校长、专业消防培训员、法律顾问、专业律师走进校园为学生进行法律法规、安全方面的培训,提高学生自护自救意识。

健康课程——邀请社区卫生服务中心保健科医生、应急总医院营养科营养师走进校园,和同学们分享如何预防近视、远离肥胖,如何应对青春期,如何吃出营养与健康等知识,让学生在活动中学会"健康生活"。

二、润物于心　守住劳技课堂阵地

学校保证开足开齐国家课程,在三至六年级开设综合实践活动课、劳动技术课、信息技术课;自 2021 年秋季开始,学校在一二年级也开设劳动技术课,同时在其他课程进行劳动教育的渗透,从工具的使用、操作方法的掌握、劳动创造性的培养等方面对学生进行劳动技能的训练;同时结合课堂内容培养学生热爱劳动、诚实劳动、辛勤劳动、珍惜劳动成果的意识。

一段时间下来,学生们逐步养成了主动摆放物品、及时整理学习用品等好习惯;离开教室前,同学们都会做到"人走桌面净"的要求;参加体育活动结束后体育器材也总是分门别类,摆放有序。争着做值日的同学多了,主动为师生服务的同学多了,珍惜他人劳动成果的同学多了……可以看出同学们的劳动素养正在逐步形成。

三、理论冲锋　深化劳育课题研究

随着研究的深入进行,学校深刻体会到,此时的研究活动似乎渐渐进入了瓶颈期,课题引领势在必行。于是从 2021 年第一学期开始,学校积极申报课题,历经一个学期的层层评审,"劳动教育在小学各学科教学中渗透途径的研究"已通过市级立项。

(一)课题引领　全校教师总动员

"劳动教育在小学各学科教学中渗透途径的研究"课题统领所有学科,属于学校重点课题项目,为此,学校建立了科研管理的三级研究机制:校长牵头此项课题,统领全局;中层干部协商研讨,严把方向;教研组长带领团队,人人参与,从而形成以课题为牵引有效开展研培活动、以问题为导向有效指导校本研修活动、以制度为保障有效推进教科研修的"一体化"实施策略,力求将课题研究落实到位。

（二）课程研发　五育并举全渗透

结合学校正在开展的课题研究,落实地方课程和校本课程,努力开发并编制具有学校劳动教育特色的校本课程,探索具有小学教育特色的劳动教育内容体系,构建"9 + 3 + N"劳动教育内容体系。在学校劳动教育内容体系的建构中,引导教师开发劳动教育学段内容,开展学科渗透劳动教育,举办特色劳动实践活动,促进教师的专业发展,提升学校的劳动教育综合实施能力。

（三）项目定制　学子争当小达人

为了在各学科课堂上有效渗透劳动教育,前期学校梳理出"劳动小达人快乐成长路"劳动教育工作体系。在这个工作体系中,每学期为每个年级的学生量身定制8个劳动教育项目,每学年16个小项,一至六年级共计96个内容,涵盖了日常生活劳动、生产劳动、服务型劳动。这些项目的呈现和落实,提升了学生的生活自理能力,树立了良好的生活自信,养成了热爱劳动的良好习惯。

朝阳区实验小学左家庄分校从"课程、课堂、课题"三个维度全面发力,形成了全面的、可发展的、实践性强的劳动育人校园文化,使劳动课程体系化、劳技课堂丰富化、劳育课题深入化。

学校各项教育教学工作紧紧围绕"立德树人"的根本任务开展与实施,而"劳动教育"正是最直接最有效的途径。学校在不同方面探索"劳动育人"教育理念的实践道路,将培养德智体美劳全面发展的合格建设者和可靠接班人,作为学校教育工作的根本目标。

（作者系北京市朝阳区实验小学左家庄分校郝荣军）

实施联结阅读策略　提升学生核心素养
——线上语文教学的有效尝试

摘要:抓住新冠肺炎疫情期间的居家学习教育契机,培养学生"自主学习　自我管理"的学习习惯与能力。开展延展式、任务驱动式、开放式的探究学习,发展学生的思维深度与广度。结合"抗击新冠肺炎疫情"的教育资源,渗透学科育人,实现立德树人的教育目标。深化特殊时期的教育主题,弘扬社会主旋律、正能量,以学科为基础,结合核心价值观在大主题下设计学生居家自主探究学习活动。

关键词:自主探究;联结策略;爱国情怀;语文核心素养

《义务教育语文课程标准(2011年版)》(以下简称课标)对语文课程的基本理念表述为"努力建设开放而有活力的语文课程。语文课程的建设应继承语文教育的优良传统,注重读书、积累和感悟,注重整体把握和熏陶感染;同时应密切关注现代社会发展的需要"。

结合课标的要求,笔者以统编版六年级语文下册第四单元为例,结合单元人文主题和语文要素、具体单元教学实施过程,开展自主探究与合作学习,借助联结阅读策略,落实课标要求,提升学生语文素养。

本单元以"理想和信念"为主题编排了《古诗三首》《十六年前的回忆》《为人民服务》《金色的鱼钩》四篇课文。有的抒发了作者高尚的情操和远大的志向,有的追忆了革命先辈的感人事迹,有的阐述了共同的革命理想与信念,从不同侧面展现了"人生自古谁无死,留取丹心照汗青"的英雄气节和民族精神,有助于学生树立远大的理想,培养高尚的道德情操。单元语文要素中,一个是"关注外貌、神态、言行的描写,体会人物品质",一个是"查阅相关资料,加深对课文的理解",围绕这两个要素,教材设计了多角度、多层次的练习。

一、析出单元语文素养

本单元课文时代较为久远,学生理解起来有一定的障碍,综合运用学过的一些方法,能促进学生对课文的深入理解。因此,本单元的三篇课文《十六年前的回忆》《金色的鱼钩》《为人民服务》均提示了要引导学生通过查阅资料进一步了解先烈的革命事迹,并借助"阅读链接"等方法理解课文的关键语句。

借助相关资料帮助学生理解课文的时候,要注重资料使用的有效性和针对性,引导学生不仅能根据需要查阅相关资料,还能筛选出对理解人物形象有帮助的资料。把人物放到特定的历史环境中,深入理解时代背景下的人物形象。

二、结合"疫情"确定主题

本学期的教学管理具有特殊性,因为这个学期,学校在疫情的影响下没能按时开学,也没能按时开启新学期的语文课堂教学工作。教师抓住教育契机,结合六年级下册第四单元"理想与信念"主题,开展"追寻初心看历史 热爱祖国抒情怀"的语文学科主题探究活动。

语文学科自主探究学习整体设想为:关注学生听说读写能力的培养,培养学生主动收集、处理、运用信息的能力,任务难度逐渐递增,学生需要整合信息资源,补充完成相关内容,画插图和写剧本则需要更多的创造力、想象力等,在此过程中思维要不断地跟进与发展,不断地比较、综合、评价学生所获得的信息,指向高阶思维的培养。

三、任务驱动细化指导

(一)结合课文任务驱动

本次语文自主探究主题实践活动以六年级下册第四单元为基础,以自主探究观看或者学习相关"电影、书籍、网课"为资源,以"小组合作探究学习、微信分享"等为平台,号召全班学生观看《建国大业》《建党伟业》《建军大业》这三部电影,开展探究式学习。

以任务驱动式的小组合作学习方式,每日分享与交流,每周学生共享、教师指导提升。学生通过观看电影、涉猎书籍完成相关探究学习记录,如摘抄、手抄报、思维图、视频解说等,这些都是自主探究学习成果的体现。

（二）抓住契机指导方法

1. 个体探究　触发兴趣

在第一阶段学生探究式学习中，学生采用上网收集资料、阅读书籍、与家长交谈等多种获取信息的方式，绘制自己的第一阶段探究式学习成果图。学生在这种主动探究式的个性化的兴趣体验后，在第二阶段的探究式学习中，教师把学生分为两个群组进行深入探究，这样既实现了探究爱国主题的学习任务的落实，同时也尊重了学生在探究过程中的兴趣点。

2. 顺势而导　深化探究

第二阶段首先做的工作是把之前学生探究的成果，按照事件梳理和人物梳理进行两个群组的建设。例如，依据人物探究学习的孩子，就要以人物生平纵向探究。在此过程中，要将该人物的少年、青年、中年、晚年等多种情况，按照时间纵深梳理出来，并且结合关键的历史大事件加入对人物的理解，对人物的相关故事进行评析。

第二阶段与第一阶段探究式学习相比，更具有深刻性，也更具有发散性，学生需要在教师的指导下，有目的地阅读相关的书籍、观看相关的影视作品。同时，学生如果想把探究式学习作出自己的特色，有真正的探究成果，还需要自主地探究一些信息作为补充，这样才是教师指导与学生自主探究相结合的一种学习方式。

四、表达输出　提升素养

语文学科的探究性学习，最终应该从日常语文课的训练中获取营养，通过训练的能力提高，提升课堂效率，关注的应该是学生语文学科能力的提升与训练，落实语文学科的核心素养，活动的设计、成果的展现要有语文味儿。

学生通过看电影、查资料、做对比、分享交流等学习活动，对中国近代革命史有了一定的认识与了解，通过绘制思维图、画插画、写剧本等语文学习活动，锻炼概括、分析、检索、评价等能力，对语文学科阅读教学中五大板块——整体感知、提取信息、形成解释、作出评价、实际运用的综合学习能力有了进一步的巩固。

培养学生在学知识、用语言过程中的语言建构与运用的能力，思维得到了发展与提升，审美的创造力得到了锻炼，同时传承了我国红色革命精神，语文学科的核心素养在这样的活动中得到了全面提升。

五、探究反思　提升效果

由于实践活动持续时间较长,指导形式单一,分享共建的学习氛围欠扎实,学习的效果与预期存在差异。

(一)探究效果与预期之间的距离

本次探究性语文实践活动的预期与实际效果存在着一定距离,学生学习研究的时间存在时空上的指导无力,每日短暂的指导与交流和零敲碎打似的学习,必然影响学生探究的持久度和深刻性。对于帮助学生学会继续深入分析的具体指导反馈不及时,即使教师加以点拨,学生也未必能深入思考。

(二)探究成果分享受局限

对于学生的物化成果的及时展示与指导,笔者利用专门的学习群、班级学习小群、班级大群及时分享学生的优秀作业,这样的处理有一定效果,有利于改进一部分学生的学习态度,但是对多数学生效果微弱。对学生的作业指导主要利用文字和语音,文字的表述有时学生理解存在差异,语音的指导过长也影响效果。此外,没有适当的展出,没有适当的肯定与表扬,不利于调动学生的积极性。

六、放眼探究　提升素养

通过语文学科自主探究学习活动,学生有了真正自主探究的意识,学生的作品有了语文味儿。语文课堂的这项自主探究活动,对课内、课外的语文学习有很好的辅助性作用。学生运用资料提出问题、解决问题的能力也有了很大的提高。同时,学生语言的建构与运用、思维的提升与发展、审美的鉴赏与创造、文化的传承与理解、语文学科核心素养也得到了提升。

(作者系北京市朝阳区实验小学左家庄分校唐铮)

参考文献

[1]崔其升. 崔其升与自主教育[M]. 北京:北京师范大学出版社,2016.

[2]郭洪. 郭洪与自主教育[M]. 北京:北京师范大学出版社,2018.

运用思维导图提高学生语文综合能力

摘要:在小学语文教学中运用思维导图,可以挖掘学生学习潜力,培养学生的独立思考与创新能力,从而提升学生的语文综合能力。本文结合教学实践,对思维导图在小学语文教学中的应用价值和优势进行分析,并对思维导图在小学语文读写教学中的应用策略进行探讨,以促进小学语文教学的高效开展。

关键词:小学语文;思维导图;读写教学;应用价值;应用策略

随着教育改革的不断推进与落实,在小学语文教学中,思维导图成为培养学生自主思维、创新思维能力的重要手段。而思维导图就是通过树枝状结构,利用标号方式对思维进行有效展现的过程,它将人自身思维所具备的发散性具体化,能够把学生的思维过程直观、形象地展现出来,有利于激发学生的想象力、创造力和逻辑思维能力,并显著提升学生的读写能力,从而促进学生语文综合能力的发展。

一、思维导图的教学价值

(一)有助于教师掌握正确、高效的教学方法

在实际教学中应用思维导图,有助于教师掌握正确、高效的教学方法,从而促进教学有序开展。制作思维导图的过程中,教师需要先思考快速阅读及整理信息的方法,同时要查找、整理思维导图中包含的核心内容和关键词,这不仅有利于提升教师自身的综合能力,还可以引导学生深刻理解并掌握知识。

(二)有助于健全师生的知识体系

在开展教学活动时,利用思维导图对课程教学进行设计,可以帮助师生形成整体观念,使之在脑海中构建相应的全景图,并以教学过程、需求、实际

情况为依据,对教学进行合理调整。这有利于有效整合课程资源,建立更加完善的知识体系,显著增强教学活动的系统性、科学性和有效性。

(三)有助于构建良好的师生关系

利用思维导图开展教学活动,教师主要是进行正面引导,在学生遇到问题时提供有效帮助,这样可以凸显学生的主体地位,激发学生的主观能动性,促进师生之间良好的互动交流。师生之间平等、自由、轻松的交流,能让学生拥有更为宽广的展现、发挥自我的空间,引导学生依据自身实际制订具有针对性的学习计划。

(四)有助于充分落实因材施教

因材施教是目前教育中的重点,所以教师在实际教学中不仅需要关注整体,还需要关注个体的独特性。通过学生所制作的思维导图,教师可以了解学生的知识结构、知识理解和掌握程度,进而制订出具体的促进不同层次学生成长的教学计划。

(五)有助于构建有效的团结协作机制

制作思维导图的过程是一个互相学习、交流的过程,它重视师生、生生之间的交流、互动,有利于促进学生的共同学习、成长与发展,有利于提升学生的团队协作意识,拉近师生之间的距离,从而有效促进学习型班级、学校的建立。

二、思维导图在小学语文教学中的应用优势

(一)培养学生的抽象思维

小学生具备较强的形象思维能力,但逻辑思维能力较弱,很难理解抽象化、概念化的教学内容。而思维导图利用图形、符号、文字等工具对知识进行串联,通过结构图的形式展现复杂、抽象的知识,这样就使学习内容可视化,从而显著提升学生对教学知识的理性认识,培养学生的抽象思维能力。

(二)培养学生的自学能力

小学生已经具备了相应的思维基础,所以在语文教学过程中,教师可以在预习、复习环节引导学生开展小组合作学习,并着手绘制思维导图。同时,在面对大量繁杂的信息时,学生需要通力协作才能完成思维导图的绘制。在思考与合作牵引的绘制过程中,学生能够在不断摸索中前行,从而培养出自主探究的能力。

（三）培养学生的创新思维

当学生借助思维导图进行思考时，他们的思维就会具备较强的发散性，而发散与拓展的实质就是联想与想象。所以，在实际教学中，教师通过运用思维导图，可以有效引导与培养学生的思维方式，增强学生思维的创新性，推动课堂教学高效开展。

（四）增强学生的学习积极性

在每堂课结束后，每个学生都可以依据自己绘制的思维导图对知识进行系统化复习。在此过程中，学生可以依据自身实际情况系统地整合知识，同时还可以开展自我检测，以充分了解自身的知识掌握情况，而在这个过程中，思维导图可以为学生自评的全面性、准确性提供可靠保障。

三、思维导图在小学语文读写教学中的应用

（一）集中学生注意力

思维导图具有较强的生动性、活泼性，可以有效刺激学生的视听感官。特别是对小学生而言，图文并茂的思维导图有着很强的吸引力，能够有效集中学生的注意力，充分满足学生的心理、认知需求，调动学生的自主性与积极性，从而有效落实课堂教学目标。例如，教学《富饶的西沙群岛》一文时，通过生动、形象、直观地呈现视频、图片、音乐，并利用大树形式将各段要点生动地呈现在学生面前，让学生通过这种形象具体的思维导图深入理解教学内容。这样不仅可以调动学生的学习兴趣，引导学生积极、自主地开展阅读；还可以让学生在学习中感受阅读的快乐，显著提升其思维的自主性。

（二）培养学生的独创性思维

思维导图是从某一点或某个关键词开始延伸与辐射，通过联想与想象的层层扩散，形成不断深入的知识脉络结构图，它有着明显的发散性，既能够帮助学生有效掌握语言知识和相关技能，又可以培养学生的独创性思维。所以，在实际教学中，教师应该引导学生积极参与设计思维导图，并给学生留出充足的时间与空间，好让学生积极思考，充分想象，完成知识的转化与内化。教师可以让学生在预习时独立设计思维导图，以此提升学生阅读学习的自主性，巩固其预习效果。

（三）建立有效的知识网络

小学生的抽象思维能力比较差，所以在阅读学习中很难有效提炼信息，

无法从整体上把握文章脉络。而利用思维导图则可以简单明了地将学习内容呈现给学生,让学生一目了然。教师可以通过设计思维导图,整合并直观呈现教学信息,而学生可以通过思维导图从整体上把握文章结构,获取新知,同时还可以由一点出发有效延伸,对所涉及的信息进行整合,进一步巩固所学知识。这样可以帮助学生有效串联,从而形成有效的知识网络。例如,在讲完一篇文章或一单元文章之后,教师可以通过构建相应的思维导图,明确、清晰地展现文章的知识脉络,有效整合与体现零散知识,引导学生整体把握文章内容,从而显著提升学生的知识技能与学习能力。

(四)提升学生的写作能力

写作是语文教学中的重要内容,可以充分体现学生的语文综合能力。在小学语文写作教学中利用思维导图,有助于促进学生写作能力的提升,进而为学生语文综合素养的发展提供保障。在写作前,教师需要收集、整合相关资源,并根据教学内容制作相应的思维导图。教师可先将作文题目告知学生,以初步激发学生的自主性,使其能够主动收集与整理写作资源,为写作练习做好充分准备。在此过程中,教师需要确切地把握教学尺度,不然会对学生的联想、想象能力产生负面影响。此时,利用思维导图可以帮助学生有效发散思维,找到新颖的观点,从而增强作文的多样性与灵活性。在前期准备的基础上,教师可以帮助学生谋篇布局,并充分发挥学生的主体作用,引导学生绘制思维导图。思维导图可以让学生从整体上对素材产生全新认识,这使学生的写作条理变得更加清晰。同时,在写作教学中运用思维导图,可以让学生明确写作结构,然后通过点状分解明晰构思,从而写出形象、感人、内容丰富的作文。此外,在写作过程中,思维导图能够不断拓展学生的思维,使其在脑海中形成一个宽广的思维空间。这时,大脑可以围绕题目中的关键词及相关连线,对空白内容进行填补,从而有效凸显写作中心,让作文变得更具深度。例如,《桂林山水》是引导学生开展写景练习的经典范文,借助思维导图进行教学,能让学生在有效阅读的基础上显著提升构思能力,从而促进学生语文综合能力的发展。在讲解完《桂林山水》一文后,教师引导学生抓住"奇、秀、险"等关键字总结桂林山水的特点,同时挖掘作者的隐性思维,让学生明白作者通过比喻、比较、排比等手法来着重凸显桂林山水特点的用意。这样一来,学生在自己的写作中就可以迁移运用这一写作手法,从而写出结构合理、重点突出、生动形象的习作。

总之,在实际教学过程中,运用思维导图不仅可以显著提升教师自身的综合能力,还可以有效重组学生的知识系统,让学生的知识结构体系更加完善。因此,教师在教学中必须重视有效引入思维导图,以提升课堂教学的活跃度,促进学生语文综合能力的发展。

(作者系北京市朝阳区实验小学左家庄分校刘宁)

参考文献

[1]宋非.语文素养视角下思维导图的有效运用[J].江苏教育(小学教学版),2017(7).

[2]范德贵.谈小学生语文阅读能力的训练方法[J].新教育时代电子杂志(教师版),2015(26).

巧妙利用微课打造高效的小学数学课堂

摘要:随着新课改的不断推进,传统的教学模式已经很难满足新时代教育发展的需要,这对新时代教育工作者提出了一定的要求。在目前的教育改革背景之下,教师应当对教学模式进行积极的探索,摒弃落后的教育理念,树立以学生综合素质为核心的教育观念。微课,是新型教育理念下结合信息技术的产物,为教师提高课堂效率的同时,提供了新的思路。因此本文首先讨论了微课对于小学课堂的作用与意义,并在此基础上提出了合理运用微课的策略。

关键词:小学数学;微课;教学策略

一、引言

新课改明确提到,要积极发挥现代科技和网络多媒体的优势,将其融入传统的教学形式,以帮助教师提高课堂活跃度、激发学生学习兴趣,更好地完成教学目标。区别于传统教学视频,微课具有简短、精练、重点明确等特点,往往只针对某一学科中的某一个知识点进行集中讲解,便于不同阶段的学生根据自己的学习情况进行有针对性的选择,达到高效学习的效果。

二、微课在小学数学课堂上的作用与意义

(一)能够激发学生对数学学习的兴趣

在开始新课程的教学时,如何快速吸引学生的注意力、激发学生的学习兴趣,是让许多教师都十分头疼的问题。一个好的开场教学犹如一首乐曲中第一段悠扬的前奏,能够瞬间抓住人的耳朵,让人有想继续听下去的欲望。对于小学教师来说,可以在一个新知识点开启时,利用微课播放一些相关的动画视频,快速吸引学生的注意力,能够让学生对新知识点产生探究的欲望和学习的兴趣。

（二）能够加深学生对新知识的理解

小学阶段的学生对知识的理解程度并不一致，而班上同学较多的情况下，教师很难面面俱到，只能根据班上大多数学生的理解程度安排课程教学计划。而微课本身就是为了解决教学中一些重点知识点或容易被忽视的细节知识点问题而出现的教学模式。在微课的帮助下，学生能够及时地、有针对性地进行课后复习，将课堂上没有完全弄懂的知识点在微课中彻底学习透彻。

（三）打破课堂的时间、空间限制

相比于传统教学课件，微课的便捷性也为学生"随时随地开始学习"这一行为提供了可能性。微课在资源空间方面，占用的内存容量较小，对播放设备的要求不高，因此学生仅用简单的电子设备就可以进行播放。同时由于现代互联网技术的发展、"云"科技的应用，使得全国各地的优秀教育工作者都可以将自己的优秀课堂教学剪辑成微课，上传至网络，让一些教育资源不发达地区的学生也能够享受到良好的教育。

三、将微课融入小学数学课堂的策略

（一）利用微课创建教学情境

数学是一门较为抽象的学科，而小学生的思维对具体的形象较为敏感，在没有一定基础知识积累的情况下，对数字并不敏感。因此，在小学数学的教学过程中，需要利用具化的形象来培养学生对数字的敏感程度和感知能力，而这一切都离不开微课的帮助。

例如，在学习单位的时候，如果单纯讲"1 米是 100 厘米"，学生并不会有直观的感受。有时候教师会采用一些教具，但受到道具和场地的限制，道具的种类较少且过时，很难激发学生的学习兴趣。因此，可以利用微课视频展示贴近现代生活的不同长度的物体，比如一部手机的长度、动画片里角色的身高等，这些都是学生生活中常见的元素，能够快速引起学生学习的兴趣、培养学生的数学感知能力，而这也是传统课堂无法达到的效果。

（二）利用微课再现知识情境

小学阶段的数学学习，难点并非计算或者公式的复杂，而是是否能够理解问题的情境和意图，这也是小学数学题中设置应用题的用意，当数学课堂上有了微课，就能够很好地帮助学生理解题目。

例如,让许多教师和学生都头疼的运动问题,许多学生在做题时,并不能理解其中的追击问题、相遇问题,以及该知识点的变形例子——钟表问题等,并且课本上辅助理解的图画也都是静态图片,而问题本身所讨论的是动态问题,这也是该知识点的难点所在。借助微课课件,教师可以在讲题的过程中将题目以动画的形式展现,随讲随停,在难以理解的地方暂停,通过反复播放,让学生彻底明白题目所讨论的情景,打通理解上的壁垒,自然也就能够举一反三,吃透该知识点了。

(三)利用微课构建知识体系

数学是一个整体性较强的学科,看似独立、不相关的知识点,其实都有着相通的内涵和联系。因此,构建知识体系能够帮助学生回顾以往所学的知识,并将其联系起来,打开新的学习思路。

例如,在学习平行四边形的时候,教师可以利用微课制作动画,展示将一个平行四边形变成一个面积相等的矩形的过程和将一个平行四边形变为两个三角形的过程,并让学生猜测平行四边形的面积计算方法。这样不仅能让学生复习矩形的面积计算公式、三角形的面积计算公式,还能让学生自己推导出平行四边形的面积计算公式,加深学生对平行四边形的认识和理解。比起传统的教师自己讲、学生囫囵吞枣地学,在微课的帮助下,学生学习的主动性大大加强,同时也能够形成一定的知识体系,加强对知识点的理解度。

四、结语

微课自身高度精练和便捷的特点,使得其不但能够提高学生在课堂上的学习兴趣和积极性,还能够加深学生对相关知识点的理解程度,最重要的是能够让学生发挥主观能动性,自主进行学习,从而增强课堂教学的效果。

(作者系北京市朝阳区实验小学左家庄分校刘晨雪)

参考文献

黄在兰.利用计算机辅助教学技术,打造高效小学数学课堂[J].安徽教育科研,2018(4):101.

好习惯成就精彩人生

摘要:在日常的教育教学工作中,大力培养习惯能够促进学生健康成长,良好的沟通是学生发展的助推器。二者相结合,能够成就学生的精彩人生,同时能够增进与家长之间的关系,达到家校共育的目的。

关键词:习惯;沟通;家校共育

斯科特·杨曾说:"如果你想养成一个永久性的习惯,那么最初的一个月会花费你在整个过程中所需能量的99％。如果你成功度过第一个月,这个新习惯就会成为一种本能的条件反射,你无须再费力坚持,只需花一点精力处理一些实际操作时的小变化即可。"朝阳区实验小学的教育理念中最重要的便是"幸福人生用习惯护航",可见习惯培养在我们生活中的重要性。作为班主任,笔者在培养学生时更加重视学生良好习惯的培养。下面浅谈笔者在教育教学中的一些想法与做法。

一、行为习惯的培养方法

(一)行为习惯60条

朝阳区实验小学行为习惯60条基本涵盖了作为一名小学生的基础规范,开始时是告诉学生应该怎样去做,让他们按着老师的要求做,现在规范了5条语言,让学生在做的基础上背下来,并严格遵照执行,言行一致,深化行为习惯的养成,为学生成就幸福人生护航。

(二)常规整理

早上到校书包的整理,桌斗里物品的摆放,小柜子里饭兜、水瓶及大衣的摆放、折叠,学具的摆放,午餐时桌布、餐具的摆放与收拾,地面的擦拭保洁,在刚开学时学校都会事无巨细,一一指导,教给方法,让学生反复练习。这样能够减轻后续的教育教学压力,学生在模仿中学习是最便捷的方法。培养一段时间后就会发现,这些基础的小事已不用老师过多去说了,到什么时间该做什么、怎么去做,学生都有了一定的条理,养成了良好习惯。

(三)心愿存折

一是对学生日常行为表现的鼓励与奖励,二是建立学生的奖惩意识。老师根据学生的日常表现给予小印章鼓励,如有较为严重的违反日常行为规范情形,则会有相应的扣除。集满相应奖励的印章可以换取心愿。

第二学期笔者对心愿存折进行了一定的改进与提升。在原有课下奖励的基础上,课上也会发送纸质的奖励卡,学生在课堂上有良好的表现,积极回答问题便会获得一张奖励卡。这样改进的目的也激发了学生课上的学习兴趣,能够有效地带动课堂氛围。

二、学习习惯的培养方法

(一)听

培养学生听的习惯需要老师用手势、眼神语言等外化的表现来辅助。如老师发出语言口令:"我说停。"学生们的小耳朵就要跟上,小嘴巴就要回答:"我就停。"以此来提升学生课堂上的注意力。又或者在讲授重点概念时,可以对坐姿漂亮、眼神跟着老师的学生给予表扬,来激发其他学生的专注力,让他们能够跟着老师一起走。必要时可以采取心愿卡的奖励机制。此种做法从开学至今,班中大部分学生已养成良好的"听"的习惯,上课注意力比较集中,能积极大胆地回答问题,当别人的想法和自己一样时能点头回应,当别人的想法和自己不一样时,能在别人说完后举手说出自己的想法。

(二)说

良好的说话习惯培养是必不可少的。学生年龄越小,越敢表达。等学生年龄大一些,有了自主的想法再培养说话习惯是很困难的。"说"在我们的课堂中就是要鼓励学生多说、简要说、大声说。尤其是简要说和大声说,一定要格外重视。学生有时会说,但是由于组织语言能力弱,并不能做到概括性的表达,导致学生在回答问题时总回答不到点上。所以,在低年级的时候就要培养学生用概括性、总结性的语言来回答问题。前期学生自主表达是相对困难的,老师可以加以辅助,帮助学生来总结语言。现在班上部分学生已养成了良好的"说"的习惯。当看到一幅图时,学生能够用"从图中我知道了……"这样的语言进行回答,并且说话时能够用比较高的声音简要地说出自己的想法。

(三)读

培养读书习惯时,老师要求学生左手压书,右手指字,并且大声流利地朗读。这样能够培养学生专注地阅读,只有专注地阅读,才能让学生学进知识、学懂知识。班上还有部分学生因此爱上了课外阅读,换心愿奖品时都说喜欢什么书,希望老师能够奖励他一本书。

(四)写

要写好汉字,必须关注学生写字的姿势是否正确,没有正确的书写姿势,写好汉字简直是难上加难。因此,笔者非常注重纠正学生的书写姿势。写字前提示学生:握笔歌和"三个一"。即使是这样,还有的学生需要老师不断地提醒,才能正确握笔,这时便要与家长进行沟通,希望家长在家也随时关注,及时纠正。一手好字能使人终身受益。笔者还鼓励学生写日记,用心观察生活,记录生活点滴,把所见所闻所想表达出来。这样不仅锻炼了学生的写字能力,还培养了学生用文字来概括生活的能力。

(五)算

要想养成良好的计算习惯,首先应摒弃传统的"背诵模式",让思维外化,如手指操等。从学生入学的第一天起,就应该锻炼学生用单手手指表示数字从 0 到 10。随着学习时间的增多,学生的年龄也相对大一些,慢慢就可以将形式转变,手指操的内容也就可以变得更加丰富,如单手从 0 到 20;单手从 0 到 20 再从 20 到 0;最后可以发展成双手完成这些动作,从而达到思维外化的目的。

继而还要加大训练力度。首先要选取固定的时间进行口算训练。在保证量的同时,也要训练学生的速度。从最初的 3 分钟 15 题到加量加速变为 3 分钟 20 题。当学生笔答出现错题后,必须加练一篇口算,对全对的学生予以表扬,从而达到减少错题的目的。最后对每一个算式,都要进行检查,检查必须要留有痕迹,也许是一个小对钩,也许是一个点,都可以有效地培养学生良好的计算习惯。

以上是笔者在教学过程中培养学生习惯的方法,但是,有了方法还要注意与家长沟通的艺术。在学校养成了良好的习惯,只能说学生成功了一半,在家中进行训练与巩固,才能使良好的习惯得到巩固。在一次家长会上,笔者将自己培养学生习惯的方式与家长们进行了交流,得到了大部分家长的认可与支持。

三、良好的家校共育助学生进步

我们班有一个学生 A,早晨迟到伴随了他整个上学期,让笔者束手无策。本学期一开学,有幸得到学校老教师的帮助——炮轰式电话叫起床,初步得到了成效。每天早晨 7 点笔者便会主动给家长打电话,第一次还是好言相说,第二次、第三次便怒气冲冲,家长并不能理解为什么老师每天要这么锲而不舍地叫学生起床。笔者并没有因为家长的态度而降低自己的热情,依旧每天进行电话叫早。终于让家长也养成了习惯,从每天的 8:30 到校,到现在能够准时 8 点到校。相信这和坚持有很大的关系。教师足够重视学生习惯的培养,让家长看到良好的习惯带给学生的是什么,相信家长也能够理解老师的良苦用心。终于 A 学生在叫早服务下不再迟到了。可是伴随而来的新问题让笔者更头疼。学生头脑聪明,也能积极举手回答问题,可是却不愿意认字,无论语文老师使用何种办法,学生就是打心眼里抵触学习认字。笔者分析了很久,最后总结大概是因为他爸爸一心想让孩子出国,认为学汉字没用,学习汉字的过程又很辛苦,所以学生在学习的过程中没有养成学习习惯。经过冥思苦想,笔者想到了一个办法。

班里另一个年级闻名的"小黑孩"B 学生和 A 学生有类似的地方,脑瓜很聪明,练习几乎都是满分。可是课堂听讲习惯差,自律性差。在一次偶然的机会下,笔者让 B 学生辅导 A 学生拼音,从未有过的安静让笔者眼前一亮。抵触学习的肯学了,贫嘴的安静了。于是笔者又加大力度,找到 B 学生的家长表扬他。

第二天 B 学生便带着拼音卡片和练习纸,专心地辅导 A 学生。A 学生也很是信服 B 学生,第一天便能流畅地拼出一句完整的话了。所以,笔者认为,精力旺盛的学生往往会因为精力无处释放带来各种各样的问题。让他有活儿做,并且这个活儿能体现他的个人价值,是一个好的解决方法。

当然所有的方法都离不开良好的沟通,与两名学生的沟通,与两名学生家长的沟通,这都是非常必要的。沟通过程中要讲究沟通的艺术,让家长和学生都能够理解老师的良苦用心,这才是改变的最好方法。

综上所述,笔者认为,要想让学生健康良好地成长,培养习惯与沟通二者缺一不可。当二者相辅相成时,必将事半功倍!

（作者系北京市朝阳区实验小学左家庄分校吴凡）

参考文献

斯科特·杨.如何改变习惯:手把手教你用30天计划法改变95%的习惯[M].北京:机械工业出版社,2016.

美的初体验

——小学低年级数学美育初探

摘要:《义务教育数学课程标准(2011年版)》把"课程总目标"分为知识技能、数学思考、解决问题和情感态度四方面的具体内容,美育作为一种情感教育,对于良好的情感态度的形成和发展有着重大意义。在课堂教学过程中渗透数学美育的知识,适时地从美学角度看数学,不但有利于学生在数学学习过程中体验数学之美,从中获得数学美感,同时也符合新课程提倡的"自主、探究、合作"的学习方式与"认识数学的美学价值"等理念,最终使数学美育教育收到良好效果。

关键词:数学美育;体验;美学价值;小学低年级

美育是通过审美方式来教育人的一种活动。而数学美育是指在数学教育过程中,培养学生数学审美能力、审美情趣和审美理想的教育。《义务教育数学课程标准(2011年版)》把"课程总目标"分为知识技能、数学思考、解决问题和情感态度四方面的具体内容,美育作为一种情感教育,对良好的情感态度的形成和发展有着重大意义,并促进其他三方面目标的实现。可见,小学数学教学中的美育是实现"课程总目标"的一个重要内容。

美国数学家维纳曾说:"数学实质上是一种艺术。"要遵循数学自身的规律性,挖掘数学美的意蕴,变数学教学过程为审美过程。可见,数学是最重要的美育材料之一,只要教学方法是美的,那么数学教育一定是美的。

一、发掘低年级数学教材中的美学元素

在数学的教学过程中,数学概念、法则、公式、定理等是学生能直接接触的,虽然它们蕴含着美,但往往都具有一定的间接性、模糊性。这就需要教师在日常教学中有意识地培养学生的数学审美意识,引导他们主动去发现美、鉴赏美。

(一)数学的简洁之美

数学的简洁之美来自数学事实与其简化形式的统一,是人类思维经济化在数学上的反映。相对于烦琐、混乱、冗长的背景来说,简洁给人以简单、明快、正确、精练的美感。数学的简洁美指的是表达形式和理论体系的结构简单,而不是指内容本身的简单。爱因斯坦曾说:"美,本质上终究是简单性。"他认为,只有借助数学,才能达到简单的美学准则。

例如,小学数学教材中的阿拉伯数字,可以说是当今世人公认的最简洁的语言文字了,它的简洁美达到了令人惊叹的地步。在四则运算中,"+"是最基本的运算,"-"是"+"的逆运算;而"×"是连续的"+"的简洁化,"÷"则是"×"的逆运算,这些都是出于对简洁美的追求。

在现实生活中,钱币只有元、角、分这三种面值,为什么呢? 如果有了这三种面值,就能支付任何数额的款项,这里蕴藏着数学包罗万象却简洁的美。

(二)数学的对称之美

数学中的对称之美既是一种思想,又是一种方法,能产生一种神奇的魅力,使人们对数学的认识跃上更高的理性台阶,可言传,也可意会。

例如,人教版二年级上册"小小设计师"活动中,笔者让学生动手剪出若干个大小相等的小正方形纸片,在每个纸片上画出相同的图案,然后自主拼组新的图形,当然,拼出的图形越丰富越好。在老师的指导下,同学们的积极性很高,由开始的单一图形的拼组到后来的组合图形的拼组,由规则图形到后来的不规则图形,由开始的单一颜色到后来的五颜六色,同学们的设计越来越有创意,拼出的图形也越来越多样化,越来越有美感。在整个自主学习和探究的过程中,学生能主动参与数学活动,通过观察、操作等手段,进一步认识轴对称图形及对称轴,能在小正方形纸片上画出轴对称图形,能将其按水平或垂直方向进行平移或旋转,组合成新的几何图形。再根据自己的想象与体验,用简单文字描述自己的设计过程,培养学生空间想象的能力,促进学生空间观念的养成。同时,在设计几何图案的过程中让学生感受到了数学之美,领悟到了学习数学的价值。

(三)数学的和谐之美

装饰需要考虑尺寸色彩,音乐要讲究谐韵和声,就连菜肴也要色香味形俱全……这些都表明了人们处处都在追求和谐之美。和谐是美形成的重要前提,它给人一种协调、圆满、平衡的美感。数学无论在内容上,还是形式上都表现出统一和谐之美。

人类在对美的追求中总是遵循着"黄金分割比"这个和谐的比例。中国古砖的长宽比、窗户长宽比都说明古代人类早已发现矩形的长宽比满足黄金分割比例时最美。

二、探索低年级课堂数学美育的方式方法

(一)数与形,美的转换

数学与数字相关联,数的美包括数的形象美、数字的精确美与朦胧美、变化的韵律美等。在小学低年级的数学教学中,把数字寓于小学生的生活中,把数的美转变成形的美。

首先,让数学联系生活,感知数学就在身边。比如,人教版数学一年级上册开篇便给学生展示了美丽的校园图,让学生数一数,把这些抽象的数融合在身边的校园,让学生感知数学就在身边,并且把抽象的数字与形象的实物相结合,让学生加深印象。

其次,利用游戏教学,寓教于乐。七巧板是中国传统的智力游戏,西方称之为"东方魔板",这七块板能够拼出一个正方形的几何图形板,能以各种不同的方法拼成千变万化的图案,如复杂的几何图形、风景、建筑、动物、人物等。玩七巧板的过程,既是益智活动的开展过程,又是数学对象的审美过程和数学美的创造过程,学生很容易在游戏的过程中获得数学美感。

(二)形变物,美的迁移

小学数学教学中有一些点、线、面、体的一般认识和计算等关于形的几何知识。形是人们对自然界客观事物的抽象,在数学教学过程中,就可以利用这些形的知识来还原事物的本来面目。例如,在讲"正方体和长方体的认识"时,让学生自己动手来做一个正方体或长方体,在做的过程中学生很容易找出面的特征,凡是有关形状的知识学生都可以通过折、剪、拼、涂的方法来实践,并在实践中加深理解。

(三)多角度思维,美的变换

在教学解决问题的过程中,适当地改变已知条件,不仅可以加深对解决问题的理解并掌握规律,而且可以活跃思维、开阔思路,做到一例多式、一理

多例、一式多题、一题多解。数学解题过程中,强调一题多解、一题多变具有重要的美学意义。

1. 学以致用建构美

当学生学习了新的知识后,心中都会有强烈的欲望希望新知识有用武之地,因此可以利用新知来建构美,既满足了学生的愿望,又巩固了新知。利用新知构建美既是检验学生是否掌握新知的重要手段,又是活跃课堂、激发学生兴趣的好方法。

2. 动手动脑创造美

学生能根据教学内容自己编应用题,是教师教学成功和学生充分理解教学内容的标志,也是数学审美的创造,适用于不同年级。比如,低年级学生手中的小动物、水果等学具,可以先摆后编,做到入情入理,也符合低年级学生的思维特点。

3. 思维挑战创意美

教师自己要有创新意识,教是为了不教,在不违背教材基本原则的前提下,把枯燥的文字变成鲜活的图画、把小羊变成"喜羊羊"来激发学生兴趣。给例题配上插图,在练习中采用"百叶窗""动脑筋""巧摘智慧果""夺红旗""开火车"等游戏法,以激发学生的竞争意识。把易错、易混、易忽视的地方改编成寓言故事、小品等表演出来,把比较、分析、综合、抽象、概括等能力要求与生动有趣融为一体,寓教于乐。

小学生对于形象生动的、新奇的事物非常感兴趣,尤其是低年级的学生尤为突出,如果在数学教学中能把数学的内在美寓于形象生动的数学活动,以学生喜闻乐见的形式表现出来,那么久而久之学生就会善于发现美,从而在发现和体验美的过程中,迸发创造美的潜能。

总之,要让学生认识和欣赏到数学之美,数学教师就要在课堂教学过程中渗透数学美的知识,适时地从美学角度看数学对象,这些不但有利于学生在数学学习过程中体验数学之美,从中获得数学美感,而且符合新课程提倡的"自主、探究、合作"的学习方式与"认识数学的美学价值"等理念,最终使数学美育教育收到良好效果。

(作者系北京市朝阳区实验小学左家庄分校雷丹)

参考文献

[1]钟启泉. 小学数学课程与教学论[M]. 杭州:浙江教育出版社,2003.

[2]陈清容,吕世虎. 小学数学新课程教学法[M]. 桂林:广西师范大学出版社,2004.

浅谈如何把握音乐教学中的重难点

摘要:《义务教育音乐课程标准(2011 年版)》将音乐教学划分为四个领域,即感受与欣赏领域:包括音乐表现要素、音乐情绪与情感、音乐体裁与形式、音乐风格与流派;表现领域:包括演唱、演奏、综合性艺术表演、识读乐谱;创造领域:包括探索音响与音乐、即兴创造、创作实践;音乐与相关文化领域:包括音乐与社会生活、音乐与姊妹艺术、音乐与艺术之外的其他学科。音乐教学的各个领域是一个相互联系、相互渗透的整体,不能把它们相互孤立、相互割裂开来。因此,要在音乐教学中全面理解、掌握各教学领域的要求,注意它们之间的内在联系,使之相互配合、互相渗透,将它们融合成一个有机的整体。

关键词:音乐教学;重难点;策略

一节音乐课的成功与否很大程度上取决于对重难点的把握和处理上。音乐课中的重难点大体集中在节拍、节奏、音准、歌词处理、歌曲表现等方面。只有这些问题在最短的时间内得到最快的解决才能收到良好的教学效果。那么,在音乐教学过程中,如何更好地把握重难点呢?

一、准确制定教学重难点

要想准确地制定重难点,就要求教师必须做好前期分析,了解教学内容各领域的关系。

(一)前期分析

前期分析包括教学内容分析和学生情况分析。

1. 教学内容分析

教学内容不等于教材内容。教学内容既包括对现成教材的运用,也包括对教材内容的"重构"——处理、加工、改编及增删、更换,既突出对核心内容的分析,也兼顾对相关内容的分析。

教学内容分析是根据课程标准的要求说明教材编写的意图、教材的前后联系、教材的知识点及技能要求以及相关练习等。它包括:音乐作品的形式、内容、表现手法与曲式结构的分析;音乐家与创作背景的分析;音乐作品人文内涵的分析;教师对作品的情感体验;教材中的相关作品等。

比如,《美丽的黄昏》一课,学生初次从齐唱歌曲接触二声部合唱,教材中这首歌安排的位置对于整个教材来说,是对合唱教学的一个承上启下,因此确定的教学重点为轮唱;难点为唱好轮唱。

2. 学生情况分析

学生情况分析要与具体内容相结合,应具体、清晰,不可模糊、过于笼统。它包括:学生学习起点能力的分析——可能起点和学习的现实起点。可能起点就是按照教材文本、课标的要求应该具有的知识、能力基础,以了解学生是否具备了进行新的学习所必须掌握的知识和技能。现实起点是指学生已实际具有的知识能力,了解学生是否已经掌握或部分掌握了教学目标中要求学会的知识和技能。学习态度的分析——了解学生对新的学习内容所持有的态度,是否存在着疑虑、偏爱和误解等。学习方法的分析——包括自主学习、合作学习、探究学习、多媒体手段等。

(二)教学内容各领域的关系

《义务教育音乐课程标准(2011年版)》将音乐教学划分为四个领域,即感受与欣赏领域:包括音乐表现要素、音乐情绪与情感、音乐体裁与形式、音乐风格与流派;表现领域:包括演唱、演奏、综合性艺术表演、识读乐谱;创造领域:包括探索音响与音乐、即兴创造、创作实践;音乐与相关文化领域:包括音乐与社会生活、音乐与姊妹艺术、音乐与艺术之外的其他学科。

《音乐课程标准解读》指出上述音乐教学的各个领域是一个相互联系、相互渗透的整体,不要把它们相互孤立、相互割裂开来。因此,要在音乐教学中全面理解、掌握各教学领域的要求,注意它们之间的内在联系,使之相互配合、互相渗透,将它们融合成一个有机的整体。

教师只有在课标指导下,在充分分析教材和学生的基础上,才能准确地制定教学重难点。实现教学的有效性必须从科学制定教学目标、重难点,以及解决重难点等方面下功夫。只有有效解决重难点才能使学生掌握所学知识,能力得到发展。

二、多种策略突破重难点

课标明确指出:音乐艺术的审美体验和文化认知,是在生动、多样的音乐实践活动中,通过学生的亲身参与生成和实现的。教学中,要积极引导学生参与聆听、演唱、演奏等实践活动,多听音乐、多唱歌、多演奏乐器、多接触乐谱,采用多种教学策略不断积累实践经验,从而突破重难点,实现教学目标。

策略一:游戏活动法。

小学生感知事物较笼统,往往只注意表面现象和个别特征,时空特性的知觉也不完善,随着教学过程的深入,知觉的有意性和目的性明显发展。这个时期,无意注意起重要作用,但有意注意迅速发展,并且逐渐在学习和其他活动中占主导地位。因此,游戏活动是学生最易接受的突破教学重难点的方法之一。

例如,小学三年级的一节唱歌课《美丽的黄昏》,这首歌曲是一首轮唱歌曲,学生初次接触二声部合唱,在教学中可以选择以卡农游戏的方法导入,从活动中初步体会"轮唱"的感觉。

教学中首先设计师生练习:教师给出标准拍后做动作,三拍后学生进行模仿。建议开始的动作可以简单一些(拍手、拍肩等),待学生进入状态后逐渐加些难度(变化节奏和动作)。当学生在老师的指挥下熟悉了轮流做动作的方式后,可以进行生生自主练习。请一名学生带领全体同学按照刚才师生练习的方法再次进行游戏。这个过程采用学生自主学习的方式,这样的活动设计力求培养学生的创造力,从而初步建立卡农游戏的规律。最后以提问的形式让学生总结游戏的特点:两组做同一动作,但不是同时开始,而是按先后相距三拍做动作,形成此起彼伏、连绵不断的模仿效果。

人们在进行信息传递的过程中,心理学家得出这样一个公式:情感表达 =7% 的语言(只是词)+38% 的声音(包括音调和其他声响)+ 55% 的无声语言。人们在面对面的交谈中,大部分的交际信号是无声的。教师作为人类文化的传承者,无声语言在教学过程中占据着相当重要的地位。而肢体语言作为无声语言的一种表达形式,它的作用更是不容忽视。

游戏活动法体现了以下几个特点。

一是提高兴趣。小学生的年龄和生理特点决定了他们好动的特点,因此,他们不可能长时间安静地欣赏音乐。如果能辅助以肢体语言,也就是动起来学音乐,可以起到事半功倍的效果。

二是培养创造性。用什么样的肢体语言来表现音乐是没有固定模式的,每个人都可以用不同的肢体语言来表现音乐,这就为发展学生的创造性提供了广阔的空间。

三是增强对音乐的理解。音乐是看不见摸不着的,很多时候就要肢体语言来表现对音乐的感受。音乐的节拍、乐句、力度、速度、情绪等可以通过肢体语言获得外化的表现。

策略二:器乐辅助法。

现代教育观念,尤其是素质教育认为,音乐教学是以审美为核心的普及性的艺术教育,可全面培养学生的音乐素质,其中会演奏乐器是感受、理解、欣赏、表现音乐的一种能力。所以,现在要求乐器进课堂,每名学生都会演奏一种乐器,通过器乐学习培养学生的学习兴趣,提高学生的音乐素质。

例如,小学三年级的一节唱歌课《美丽的黄昏》,采用试唱的方法学唱歌谱后采用口风琴进行轮奏的器乐辅助法,为唱准轮唱打好基础。

学生在识谱后直接进行轮唱,这对第一次接触二声部的三年级学生来说是有相当大的难度的。例如,音准的把握、音量的均衡、声部的和谐等。但是,用口风琴这个固定音高的乐器进行轮奏,不但巩固了音准,还可以初步感受二声部的和声效果,学生不会因为唱不准而紧张,反而会通过有效的气息控制去吹奏,更好地把握两个声部音量的均衡,更多地感受和谐的音响效果,大大降低了唱好轮唱的难度,有效解决了轮唱这一难点。建议让学生用口风琴把旋律弹奏下来,然后分成两个组,先用口风琴弱音奏法进行轮奏,感受二部轮奏的和声效果,再进行人声与乐器轮唱奏的结合,待学生熟练后再脱离乐器的辅助,并运用弱声唱法进行轮唱。运用先轮奏再轮唱的方法,能有效提高学习效率,这也为合唱歌曲的学习奠定了基础。

演唱和演奏是音乐的两大表现形式,在歌唱教学中,唱是主要形式,但不是唯一形式,演奏辅助歌唱,既丰富了音乐学习的方式,又体现了两大表现方式的融合,将器乐训练与歌曲演唱、律动、歌唱表演相结合,给学生表现、参与的机会,让学生在听、唱、奏、动中感受乐曲旋律的强弱规律,还可采用齐奏、轮奏、重奏、领奏、伴奏等多种形式,鼓励同学之间相互学习,取长补短,这不仅可以激发学生学习的积极性,同时也培养了学生对音乐的感受力和表现力,以及集体意识和协作精神。

人的大脑是由左、右半球组成的,其中有些地方是特殊的富有创造性的区域。当学生学习与演奏乐器时,左右手指经常运动,使得反应更加灵敏,智力得到开发,而且对左半球与右半球的协调、平衡、和谐发展有着重要的作用与影响。这种智力的促进与开发,既表现在反应灵敏、思想开阔上,也表现在观察力敏锐、想象力和创造力丰富等方面。从生理上分析,学生在演奏器乐时,美妙音乐影响其情绪,情绪又影响着荷尔蒙的分泌,进而影响大脑分析能力和记忆能力,由此可见,演奏美的音乐不但能影响和激发学生的情绪,促进智力的开发;还能陶冶情操,美化心灵。

解决重难点的策略还有很多,作为一名音乐教师,在设计解决重难点策略的时候要以学生的学和作品特点为抓手,有机结合本领域的演唱、演奏、综合性艺术表演、识读乐谱等相关内容。无论是在课程内容的选择、课程教学方式的设计,或者是教学模式、师生关系、教学策略的运用等方面,都应该以有利于发挥教师、学生的主动性、积极性、创造性为依据,让教师和学生在主动积极参与音乐活动中感知、体验,逐渐升华。

总之,在音乐课堂教学中,从来没有固定的模式,一节课可能会遇到很多重难点,策略得当会收到事半功倍的效果,更多的时候需要将它们协调起来,采用最得当的方法,化难为易,让重难点的解决成为课堂的一大亮点。

(作者系北京市朝阳区实验小学左家庄分校顾艳娟)

参考文献

中华人民共和国教育部. 义务教育音乐课程标准(2011年版)[M]. 北京:北京师范大学出版社,2011.

对小学体育耐久跑教学的思考

摘要:耐久跑是体育教学中的一项基本内容,又是体育锻炼测试的必测项目,它能发展学生的耐力素质,培养学生勇敢、顽强的意志品质,改善呼吸系统、促进人体新陈代谢,是身体锻炼最基本的运动项目之一。但是,在课堂上越来越多的学生不积极参与这项运动,使耐久跑教学很难开展。本文从教学实践出发,提出耐久跑教学应从理论指导、组织教学、多样化的教学手段、适合的教材搭配以及课外锻炼相结合等几个方面着手,提高耐久跑的教学效果。

关键词:小学;耐久跑;教学效果

一、小学耐久跑教学的现状

耐久跑是体育教学的重要内容之一,它能培养持久奔跑能力和速度耐力,能够增强学生的心脏和呼吸功能,还能培养学生吃苦耐劳和坚韧不拔的意志。小学虽然设置了耐久跑课程,但是,在很多学校得不到有效的实施,究其原因,有以下几个方面。

(1)耐久跑给学生心脏和呼吸带来很大压力,小学生的身心尚未发育健全、身体素质情况不一,教师对学生的身体健康情况不了解,导致容易发生危险,很多教师为了避免这种情况的发生,在体育课上只是选择一些趣味性强的、轻松的项目进行训练。

(2)学生对耐久跑有恐惧心理。学校耐久跑教学多数是在 400 米跑道(其他非标准跑道)上进行练习,无论教师以何种内容、形式施教,总离不开跑道这个载体,这样一圈接一圈周而复始地在跑道上进行单调动作的练习,极易使学生产生枯燥无味的感觉,从而在心理上对耐久跑训练产生恐惧与厌烦情绪,使运动兴趣下降。

（3）随着社会物质生活水平的提高,学生吃苦耐劳的精神日趋缺乏,对耐久跑这样一种枯燥的训练内容必然产生一种畏避心理。而目前大部分学生生活优越,极少经过艰苦磨炼,缺乏吃苦精神,对耐久跑没兴趣,畏难情绪严重。

针对以上原因,在课堂教学实践中要注重从减轻学生对耐久跑的心理负担入手,激发诱导其训练兴趣,从而达到提高练习效果之目的。

二、以理论为先导,让学生知而不惧

在耐久跑教学中,教师要讲清耐久跑的基本知识,这样学生在正确了解技术的基础上才能科学地进行体育锻炼,才能激发学习兴趣。例如,在耐久跑过程中,人体对氧气的需求量大,因此要掌握正确的呼吸方法。在耐久跑中,呼吸时应采用口鼻同时进行呼吸的方式,要三步一呼,三步一吸。还有就是在耐久跑中,有些学生由于耐力素质差,会出现"极点"现象。"极点"出现后,要以顽强的意志继续跑下去,加强呼吸,调整步速。在练习前,教师要先安排一定时间的理论教学,使学生懂得"极点"是跑途中因心脏器官机能的惰性产生的一种暂时不适应现象,向他们介绍克服"极点"的方法,同时讲解耐久跑对增强体质的好处,做好学生的思想工作,而在跑途中要鼓励学生树立克服困难的信心,顺利坚持下去。

三、合理组织教学,提高学生积极性

(一)分层教学

根据学生的个体差异,按体能进行分组,教学中区别对待,提出不同要求。耐久跑第一次课应进行摸底测试,以测验成绩为依据,并参照学生的其他身体素质情况,按体能编组,如可分为甲组——体强组,乙组——体能中等组,丙组——体弱组。采用这种分层编组教学的方法,可以针对学生不同体质,在教学中区别对待,使不同水平的学生通过练习,体能都能得到提高。

(二)循序渐进

耐久跑练习一定要严格遵循循序渐进的原则。须因个体而异,科学合理安排运动量,掌握适度运动强度。比如,在做定时跑练习时,采取不等时跑、不等速跑,各组的时间应有所不同:甲组时间可以长一点,乙组、丙组时间可以短一点,各组的跑速也应有所区别。这样既给身体各器官以一定刺激,使机体的功能得以提高,又能防止超负荷训练,避免出现过度疲劳。此外,不同体能学生的考核标准也要有所区别,使每个学生通过努力都能取得优异成绩,获得心理上的满足。总之,在练习中教师要注意及时掌握学生的体能状况,以便合理安排运动负荷。

(三)教学手段的多样化

1. 趣味比赛练习法

教学手段的多样化,可以提高学生的练习兴趣。例如,可根据学生人数、时间长短、体能状况等,将学生分成若干小组,每组 4～6 人,选择合适的距离进行耐久跑的接力比赛。

可根据学生的心理特点,设计出趣味性强的练习方法。例如,3 分钟变换跑。绕篮球场跑"区"形,每跑一圈变换一种跑姿,可采用左右侧向并步跑、左右交叉步跑、后退跑、高抬腿跑、后蹬跑等。这种方法由于跑姿和跑动路线的不断变化,能使学生保持较高的兴奋性。5 分钟跳绳比赛。将学生等分成甲乙两组,乙组跳,另一组计数,教师计时。按快跳 1 分钟(3 次快跳的次数)、慢跳 1 分钟(不许停下来休息)的方式交换。模拟情景追逐跑。在跑道或空地上布置各种模拟障碍物或利用自然地形进行练习。例如,用一条体操凳或横放的树干当小桥,用垫子当小河,利用小土坡进行"翻山越岭"练习。将学生按耐力素质水平分组,每组 5～10 人,每人间隔 20 米相继起跑,后者追前者,一个追一个。这样,学生在紧张而富有乐趣的气氛中,练习的情绪就会高涨,就不会觉得苦、觉得累了。

2. 图形跑教学

在耐久跑教学中,如果一直在操场上一圈一圈地跑比较单调,容易使人感到疲劳。因此,在教学过程中教师可将学生进行分组练习。教师不断改变跑的路线,让学生同时在不同的图形上跑,如螺旋形、正方形、长方形、圆形、三角形等,并在这几种图形中不断变换,在跑的过程中还可以改变跑的节奏、跑的方向、跑的姿势等,这样可以改变单调的课堂气氛,提高学生的兴趣。

3. 游戏跑教学

游戏是学生最喜欢的运动方式之一,学生通过观察、感知、积极思考而作出判断,是积极主动地再创造的过程,从而使学生的思维得到锻炼和提高。利用规则调整练习的难度以及运动密度。例如,捕鱼、贪吃蛇等游戏,学生通过角色扮演贪吃蛇和渔网捕食、抓鱼的情景来达到走跑交替的练习。学生从玩中得到耐力训练,还增强了集体和团队的合作意识。

四、良好的评价方式激发学生的学习动机

现在的学生几乎都是独生子女,学生的意志品质发生了较大的变化。在体育课中学生怕苦、怕累的现象较突出,对一些"较累"的项目,如耐久跑容易产生厌恶、反感的消极情绪。学校通过开展评比,利用学生争强好胜的心理,培养学生坚强的意志。如在体育课上,分小组评比。对于那些主动、努力完成"较累的""较难的"教学内容的学生进行奖励,坚定学生克服困难的决心。由于这些搭配的项目深受学生喜爱,练习的方式又有一定的自由度,对学生有较强的吸引力,学生要想参加这些练习,就必须认真完成耐久跑的练习任务,从而使耐久跑的练习质量得到提高。

五、新颖的教学方法

准备场地、器材是上好一节体育课的前提。然而,耐力素质的提高不可能单靠课内时间完成,更多的是在课外进行练习,如可以组成课外篮球、足球兴趣小组或是以宿舍为单位组织晨跑兴趣小组进行分组耐久跑练习。同时,营造快乐的氛围。这就要求体育教师要紧紧抓住学生心理特征,充分利用场地、器材,将学生的注意力吸引过来,从而使他们产生参与练习的需要和兴趣。总之,要提高成绩别无他法,一定要靠课内和课外反复训练,以量的积累实现质的提高。

六、坚持课外锻炼,提高学生体能

提高学生耐久跑能力,仅靠课堂教学时间是不够的,尤其是对基础较差、技术要领掌握不够好的学生更是如此。课内的教学重点是使学生掌握技术要领,掌握锻炼方法,学习一些练习的技巧,培养自我锻炼的能力;在学校要积极开展课外体育活动,利用好每天一小时的体育活动时间。要多组织一些小型多样的体育活动,要让人们认识到,经常参加课外活动的学生学习成绩往往出色,课外活动的重要性不亚于家庭作业,实际上优秀学生往往"玩像玩的样子,学习像学习的样子";还有就是学生在家和家长的自主锻炼

同样重要,只有提高学生锻炼身体的自觉性才能对提高耐久力起到良好作用。

在教学过程中,培养学生对耐久跑的兴趣,是多方面的,可采用方法、手段也是多种多样的,只要教师能根据学生的实际情况,遵循体育教学原则,有的放矢地采取各种有效的教学方法,为学生提供良好的学习条件和练习环境,学生就一定会对耐久跑产生浓厚的兴趣,从而积极参加锻炼。

(作者系北京市朝阳区实验小学左家庄分校赵迎峰)

参考文献

[1]田麦久. 运动训练学[M]. 北京:高等教育出版社,2006.

[2]教材编写组. 体育运动学校活动性游戏[M]. 北京:人民教育出版社,1996.

[3]杨智辉. 中长跑教学中耐力素质的训练[J]. 固原师专学报,1997,18(6).

[4]唐花清. 改进体育课中长跑教学的措施[J]. 体育科技,2002(2).

[5]何四霞. 培养中学生耐久跑兴趣初探[J]. 江西教育,2009(21).

[6]唐晓奇. 提高学生耐久跑能力的探讨[J]. 科技信息(学术研究),2008(36).

[7]季浏. 正确理解新体育课程以学生发展为中心的理念[J]. 体育教学,2006(5).

关于小学体育低年级情景化教学之思考

摘要：小学教育作为一个人教育时期的基础阶段，素质教育起到了重要的奠基作用。小学体育课能够帮助学生锻炼体魄，养成体育运动习惯。为了让小学体育课堂更具吸引力，提高每位学生的参与度，需要体育教师将情景创设融入体育课堂，激发他们上体育课的兴趣。在小学教育中情景化教学起着至关重要的作用，情景化教学在整个教学环节中一旦做得不好，就很容易影响整个课堂的教学效率。因此，在体育课上，教师可以创设不同的情景，或者让学生在不同的情景中扮演不同的角色、在表演中学习等，充分调动学生的学练积极性，从而提高小学低年级体育课堂的实效性。

关键词：小学体育；低年级；情景化教学

一、前言

新一轮基础教育改革要求注重对学生素质、兴趣的培养，需要教师对教学手段有所改进，让教学内容对学生更有吸引力，发挥学生的主体性。随着新一轮课程改革的推广，小学体育教学需要全面发展学生的核心素养，从而提升学生在当代社会的竞争力。在小学体育的核心素养培养过程中，如何采用学生更加乐于接受的教学方法，使学生获得更好的发展，是广大小学体育工作者所共同关心的问题。在现阶段的小学低年级体育教学中，情景化教学的应用已经越来越广泛，情景化阅读也慢慢地从语文、数学、英语课堂延伸到体育教学。体育教学中的情景化课程主要作为一种中介存在，让学生更直观也更加容易地理解教师讲授的课程内容。

二、情景化教学在现阶段低年级体育教学中存在的一些问题

虽然现在教育部门对小学低年级体育教学中的情景化教学提出了新的

要求,很多学校也采取了一系列的教学措施,但还是有很多学校在教学中依然沿用比较传统的体育教学方法,只是单纯地对学生进行体能训练、体能知识讲解,没有把学生带入一个具体的情景。很大一部分学校,比如农村乡镇学校,由于教学设备和教学设施的限制,导致教师在进行情景化教学的具体创设过程中,课程效果达不到要求。此外,创设具体的情景需要教师提前进行深刻的思考,然后再经过讨论得出具体的新的教学方法,这往往都需要一定的时间去实践。现阶段很多学校对体育课程的重视程度远远不如其他科目,教师对体育课程的忽视很难让学生对体育课程重视起来,学生往往都抱着玩的心态上体育课程,很难达到理想的课程目标。

三、情景化教学在现阶段低年级体育教学中的现实意义

在现阶段低年级体育课程教学中采取情景化的教学模式,有利于引导学校和教师以及学生和家长对体育课程的重视程度,体育关乎学生的身体健康,身体永远都是革命的本钱,只有照顾好身体,在未来才会有更强的职业竞争力,而体育课程是关乎学生体能和身体健康的一门具体科目。所以,重视情景化教学在现阶段低年级体育教学中的分量不仅关乎学生的身体健康,让学生养成运动的习惯,也是对我国低年级体育教学课堂是否有效的检验。做好低年级体育教学的情景化教学,能极大程度地促进我国体育教育事业的发展,我国小学低年级学生的整体教学素质也会得以提升。

四、情景教学在小学低年级体育课中的运用

(一)利用情景化体育游戏提升学生的运动能力

要结合体育游戏内容,利用情景创设,有效提升体育游戏的教育效果,发展学生的运动能力。因此,教师要着重讲解正确的体育运动技巧,让学生在掌握技巧的同时,进一步增强自身的运动能力。首先,要以生动的教学导入作为体育课堂教学的开端,也就是说,教师在课堂教学开始之前,要对本课时的教学内容进行一个生动而简单的介绍,让学生大致了解体育课程教学的主要内容,生动有趣、有感染力的教学导入,可以激发学生的学习兴趣、引发学生的好奇心,进而增强学生对体育课堂教学的投入度和关注度。其次,教师要对体育技巧进行示范和讲解。在体育课堂教学中,对于每一个体育运动的技巧动作,教师都要进行详细、深刻的讲解,指导学生正确掌握技

术动作;而对于细节部分的技巧动作,教师还要进行亲身示范,以便让学生掌握体育运动的技巧和要点。当有学生无法紧跟课堂节奏或是无法掌握教学内容时,教师还要对其进行有针对性的单独辅导,以保证体育课堂教学的质量。值得注意的是,教师不光要示范讲解正确的技巧动作,对学生易犯的典型错误也要进行演示,让学生可以更加清楚地进行区分。最后,要加强技巧动作的练习。教师在示范和讲解后,要引导学生进行课后练习,在学生自主练习的时候,教师还要进行观察和指导,使学生可以更加扎实地掌握课堂教学内容,进一步培养学生的运动能力。

(二)利用情景化教学语言培养学生的健康行为

健康知识是健康行为的基础,教师要想培养学生良好的健康行为,就要加强对健康知识的教学。但在目前的小学体育课程教学中,大部分教师比较重视运动技能教学,从而忽略了对学生健康行为的教育。基于此,教师要提高对健康知识教学的重视程度,从理论和实践两个方面加强对学生健康知识教学和健康行为的引导,进而培养学生的体育核心素养。一方面,教师要对学生进行应急知识教育,使学生拥有自我保护的能力。学生只有充分了解了应急处理知识,才能在体育运动过程中,在发生受伤的情况下作出正确处理和自我保护。例如,在进行跑步运动时,会产生突然摔倒造成的膝盖摔伤,教师要让学生掌握消毒、包扎伤口等相关应急知识。另一方面,要对运动过程中所需要注意的事项进行讲解,引导学生形成良好的运动习惯。例如,在进行短跑之前,要做好充分的准备工作,使肌肉和关节得到拉伸,避免出现扭伤;而在剧烈的跑步之后,不可以大量地饮水,避免因身体血液流动过快而产生抽搐。

(三)利用情景化教学组织养成学生良好的体育品德

利用情景教学模式进行体育课程教学,最主要的作用就是可以以丰富、多样的形式来培养学生的体育品德。一方面,情景教学可以通过小组学习的方式来培养学生的团队意识。例如,一些运动是需要学生进行团队合作的形式来完成的,从而让学生体会到不同方式下的体育精神。但目前大部分小学体育课程教学对学生团队协作能力的培养还不够重视。因此,教师要改善教学理念和教学模式,引导学生形成团结合作的良好意志品格。另一方面,情景教学中的游戏活动,还能培养学生的规则意识。由于每项体育运动都有相应的规则,保障体育活动以公平、公正、公开的形式来进行,因此,学生只有遵守体育运动的规则,才能在进行体育活动的基础上,深化其自身体育品德。所以,教师在小学体育课程教学中要培养学生遵守体育规则的意识,让学生明白规则的内涵以及遵守规则的重要性,从而培养学生良好的体育品德。

五、结语

总而言之,锻炼对一个学生的健康成长有重要的意义,体育课作为小学的必修课,更要注重对学生进行运动习惯的培养。小学低年级的体育课堂通过情景创设的方式,是对传统教学方式的创新,能够激发学生的兴趣,提高学生运动参与的积极性,提高身体素质,对学生的成长和发育有很大帮助。

(作者系北京市朝阳区实验小学左家庄分校陈晨)

参考文献

[1]袁马清.情景教学法下的小学体育教学应用分析[J].当代体育科技,2019(29):160-161.

[2]陈晓霞.浅谈情景教学在小学低年级体育课中的运用[J].知识文库,2019(19):91.

[3]刘开河.情景教学法下的小学体育教学应用[J].科普童话,2019(30):77.

浅析足球训练课对学生的影响

摘要:足球运动本身是学校教育的重要内容,是促进学生全面发展的必然要求。开展青少年校园足球运动,不是让所有的学生都成为足球运动员,而是培养学生的运动兴趣,培养学生对足球运动的喜好,培养学生良好的意志品质;在扩大学生对足球运动的参与面、夯实校园足球运动训练强度的基础上,发现足球运动新苗,进一步提高他们的足球运动技能和水平,为国家培养高素质足球人才。

关键词:足球训练课;学生;影响

一、前言

足球运动本身是学校教育的重要内容,是促进学生全面发展的必然要求。开展青少年校园足球运动,不是让所有的学生都成为足球运动员,而是培养学生的运动兴趣,培养学生对足球运动的喜好,培养学生良好的意志品质;在扩大学生对足球运动的参与面、夯实校园足球运动训练强度的基础上,发现足球运动新苗,进一步提高他们的足球运动技能和水平,为国家培养高素质足球人才。足球训练课符合"足球要从娃娃抓起"的指示精神,也符合我国足球运动的现实状况,是解决我国足球事业后继乏人的一项十分重要的基础性工作。

所以,北京市朝阳区实验小学左家庄分校为了更好开展足球运动,特在体育课和课外活动时间增加足球训练课,为学生的足球训练打下专业的基础。

二、研究对象与方法

(一)研究对象

朝阳区实验小学左家庄分校三、四、五、六年级 300 名学生。

（二）研究方法

1. 文献资料法

通过大量查阅有关学校足球运动发展方面的书籍和文献资料，获取相关信息。

2. 问卷调查法

对朝阳区实验小学左家庄分校的 300 名在校学生（男生 240 人、女生 60 人）发放关于足球运动发展状况的统一调查问卷。共发放问卷 300 份，回收有效问卷 300 份，有效回收率为 100%，对调查结果按常规数据作统计分析。

3. 数据统计法

本研究所获取的数据都用专业软件进行统计处理和分析。

4. 专家访谈法

在调查过程中，根据具体的问题，分别与朝阳区实验小学左家庄分校足球队教练、体育组组长及主管领导，其他学科教师，还有部分家长进行了访谈。结合实际调查情况，在已有的调查中筛选出朝阳区实验小学左家庄分校的学生并进行系统的分析和探讨。

三、研究结果与分析

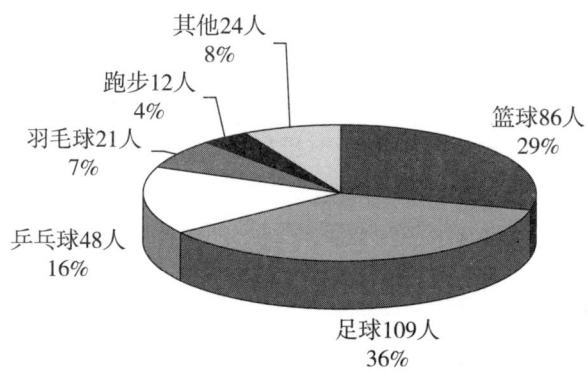

图1 朝阳区实验小学左家庄分校学生体育兴趣调查

1. 对朝阳区实验小学左家庄分校学生体育兴趣的调查

如图 1 所示,学生喜欢的体育项目主要是足球和篮球。选足球项目人数(109 人)的比例为 36%,高于其他项目,可以说足球是校园体育活动的主要内容,但是调查发现,由于各种因素影响,学生真正在课余时间参与的时间极为有限。篮球也是很多人选择的一个项目,占比为 29%(86 人),位居第二,乒乓球 16%(48 人)、羽毛球 7%(21 人)、跑步 4%(12 人)、其他 8%(24 人)。由此可见,学生的体育兴趣倾向于足球和篮球。足球运动既能全面发展人的协调性、平衡性、反应能力、速度、耐力等素质,又能增强人的心肺功能,对促进人的身体健康等特性发挥着重要的作用。

2. 朝阳区实验小学左家庄分校学生足球兴趣因素的调查

通过表 1 可以看出,大部分人是因为个人兴趣而喜欢足球运动,两个表的对比,总人数从 109 人增加到 166 人,而因为学校因素对足球感兴趣的人明显增多,比以前多了 57 人,百分比也从 10.1% 增加到 41.9%,可以说明,通过足球训练课的教学,更多的学生喜欢上了足球运动。

表 1 学生对足球运动感兴趣的原因调查结果统计

总人数:300 人(对足球感兴趣的 109 人)

原因	个人兴趣因素	家庭因素	学校因素	总计
男生(人)	51	39	11	101
女生(人)	8	0	0	8
人数(个)	59	39	11	109
百分比(%)	54.1	35.8	10.1	100

总人数:300 人(上完训练课以后对足球感兴趣的 166 人)

原因	个人兴趣因素	家庭因素	学校因素	总计
男生(人)	51	39	26	116
女生(人)	8	0	42	50
人数(个)	59	39	68	166
百分比(%)	35.5	23.5	41.9	100

3. 对学生在校踢球次数及踢球时间的调查

表2 朝阳区实验小学左家庄分校学生在校踢球次数统计

频率	每天	一周三次	一周两次	一周一次	偶尔参加	从未在学校参加过	总计
男生（人）	25	12	7	12	98	86	240
女生（人）	0	0	0	2	8	50	60
人数（个）	25	12	7	14	106	136	300
百分比（%）	8.3	4	2.3	4.7	35.3	45.4	100

上完一个学期足球训练课之后的学生在校踢球次数统计

频率	每天	一周三次	一周两次	一周一次	偶尔参加	从未在学校参加过	总计
男生（人）	33	16	7	15	95	74	240
女生（人）	6	25	18	3	2	6	60
人数（个）	39	41	25	18	97	80	300
百分比（%）	13	13.7	8.3	6	32.3	26.7	100

通过表2可以看出，朝阳区实验小学左家庄分校学生踢球次数明显增加，其中男生踢球次数增加无太大变化，而女生一周踢球次数有明显提高：每天踢球次数由0人增加到6人，一周三次踢球次数由0人增加到25人，一周两次踢球次数由0人增加到18人，一周一次踢球次数增加1人，偶尔参加和从未参加过的人数明显减少。由此可以看出足球训练课对学生的踢球次数有很大的影响，尤其是对女生，足球课让女生更喜欢踢足球，以及参与足球活动。

4. 学生参加足球运动动机的调查（见图2）

总人数:300人（在校参加足球运动的300人）

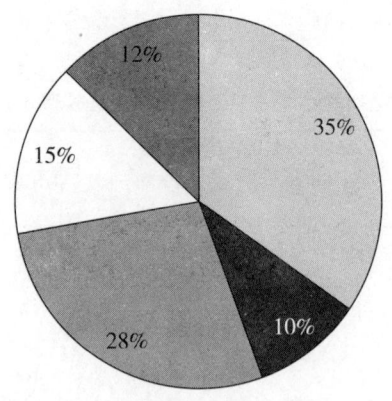

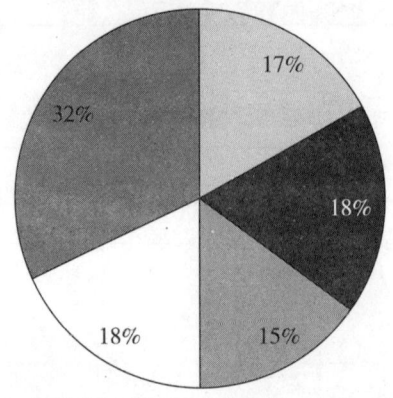

□休闲娱乐 ■体育达标 ■锻炼身体 □学习足球技能 ■其他

图2 一个学期后学生参加足球运动动机调查对比

图2调查结果显示,通过一个学期的教学,学生对学习足球运动的动机发生了改变,以休闲娱乐为目的的参与人数对比:由35%降至17%,人数明显减少,说明学生对足球的重视度更高了;以体育达标为目的的人数对比:由10%提升至18%,人数明显增加,说明足球有利于体育的达标;以锻炼身体为目的的人数对比:由28%降至15%,人数减少,可以说明,足球训练课很开放,活动方法很多,很有乐趣;以学习足球技能为目的的人数对比:由15%提升至18%,人数增加,可以说明,足球训练课有利于技能的提高;其他因素对比:由12%提升至32%,可以得出结论,足球训练课教学对学生的运动动机有影响。

5. 对体育教师的调查

足球教师是校园足球工作具体的执行者。他们的主要任务之一是在青少年中推广足球运动,让更多的青少年对足球感兴趣,并更好地发展校园足球运动,从中培养足球苗子。因此,他们的业务素质直接影响教学训练的质量,他们的执教艺术直接影响青少年能否从中获得兴趣。对学校体育教师的调查显示,学校现有5名体育教师,擅长田径2名,健美操1名、武术1名、篮球1名,足球专项教师1名都没有。由此可见,学校足球专业师资匮乏,人员稀少,这就大大地制约了学校足球运动的发展。

但通过足球训练课教学的开展,5名教师加强学习与研究,足球水平有显著提升,并对足球的教学有了一个全新的认识,很多教师都喜欢上了足球运动。由此可看出,足球训练课对教师的能力和爱好有很大的帮助,同时能带动更多的学生和教师一起踢足球,增加学生的比赛经验。

6. 对学生家长的调查

表3 家长对孩子踢足球态度调查

家长态度	支持	不支持	无所谓	总计
人数(个)	72	201	27	300
百分比(%)	24	67	9	100

参加一个学期足球训练课之后家长对孩子踢足球态度调查

家长态度	支持	不支持	无所谓	总计
人数(个)	279	9	12	300
百分比(%)	93	3	4	100

通过表3看出,开始大部分家长都不同意孩子踢足球,只有24%的家长支持孩子踢足球。通过外教教学,93%的家长都愿意孩子参与足球活动,由此可以得出,足球外教对家长的支持情况有很大影响。

四、结论与建议

(一)结论

(1)足球训练课的教学,对学校教师的足球教学水平有很大的帮助,让更多师生都喜欢上了足球运动。同时能带动更多的学生和教师一起踢足球,增加学生的比赛经验。

(2)足球训练课对学校学生的运动时间和质量也有极大的影响,让学生在学校的活动时间增加很多。

(3)很多家长对体育运动有一些意见,尤其是对对抗性比较强的运动不太支持,而足球训练课使家长对学生的选择和支持有很大的帮助,让很多家长都愿意自己的孩子选择足球运动。

(二)建议

(1)学校应科学合理地减轻学生的课业压力,使学生有充足的时间参与足球运动。

(2)学校应大力提倡素质教育,不能只顾升学率,还要培养学生的各项素质,促进其健康成长;完善现有体育设施,合理划分足球场地,给学生充足的踢球空间;加大经费投入;解决足球专业师资匮乏问题。

(3)学校应积极与家长沟通,做好家长工作,让家长认识到素质教育和体育运动的重要性。

(作者系北京市朝阳区实验小学左家庄分校刘捷)

参考文献

[1]赵厚华,孙永生.对辽宁省中学生足球运动开展现状的调查研究[J].沈阳体育学院学报,2003(1).

[2]黄镇洲.海口市中学开展足球活动调查分析[J].海南师范学院学报,2001(4).

[3]杨铁梨.对我国中学课余训练现状调查与分析[J].首都体育学院学报,2004(2).

[4]杨立.甘肃省青少年足球现状与发展对策研究[J].成都体育学院学报,2004(1).

适合小学体育教学内容的
游戏设计与应用

摘要:鉴于我国中小学生的身体状况和新课程改革提出的新要求,同时体育与健康课程标准也表明,要以强化学生运动动机和调动体育兴趣为理念,提高学生的体育参与度,逐步培养学生的终身体育意识。按照这一理念和要求,一线体育教师必须不断更新教学模式,特别是要加强教学方法的有效性和多样性。

关键词:体育教学;游戏设计;兴趣

近几年的《学生体质健康分析报告》显示,我国中小学生的体质健康状况正在恶化。教育部颁布了《体育与健康课程标准(2022 年版)》(以下简称《标准》),"健康"作为学校体育教学的重要概念,其基本目标是激发实践兴趣,培养体育锻炼习惯。因此,"健康"和"兴趣"成为小学体育教学的重点。《标准》强调这一阶段的学习目标和学习内容要更加注重与学生实际生活经历的联系,增加学生主动运动的乐趣,了解运动健康的基础知识,学习与运动相关的技能。体育游戏兼具运动和游戏的特点,为体育教育的"寓教于乐"提供了很好的结合点。为激发学生的体育热情,提升体育参与度,本研究结合课堂实践设计体育游戏,并将其应用到教学过程,扩大游戏的影响力。

一、研究对象与方法

(一)研究对象

本文以适合小学体育教学内容的体育游戏设计与应用为研究对象,以北京市朝阳区实验小学左家庄分校三年级1班和三年级2班学生为实验对象。

(二)研究方法

1. 文献资料法

根据需要,查阅大量国内外相关文献资料,以"体育比赛与小学体育"为关键词检索相关资料,对书籍和资料进行分析和综合,为本文的研究提供理论依据。

2. 专家访谈法

根据研究要求,结合采访稿,以面对面采访和电话采访的形式,走访一线体育教师、运动队领队、体育教师和科研人员,对小学生的心理和生理特点以及游戏如何融入课堂进行了访谈,设计体育游戏的课程和实施方案。

二、结果与分析

(一)适合小学体育教学内容的体育游戏设计

1. 现阶段我国小学体育教学内容分析

《标准》的颁布与实施改变了体育课程的固有模式,主要从宏观层面阐释了各阶段的阶段性教学目标,确立了"对象引导内容"的要求。笔者通过查阅相关教师参考资料、教师课程、教案,以及实地走访小学教师和教职工,了解到目前小学体育教学内容分布(见下表)。

田径类各水平段教学内容分布

水平段	教学内容
水平一	走类:模仿动物走、跑、跳等 跑类:不同方式过障碍、接力跑、合作跑等 跳跃类:不同组合方式的单双圈跳跃 投掷类:小沙包、投准等

续表

水平段	教学内容
水平二	走类:倒退走、快走 跑类:各种姿势起跑、快速跑、弯道跑、让距跑、途中跑、耐久跑等 跳类:转身跳、立定跳远、跳远、多方向跳跃、急行跳远、单脚跳双脚落等 投掷类:垒球、实心球、投准等
水平三	走类:变换速度地走、跑接力 跑类:接力跑、耐久跑、定时跑等 跳类:蹲踞式跳远、跳绳等 投掷类:实心球

由于田径与生活息息相关,而跑、跳占据了课程的很大一部分,这类课程的内容需要反复练习,导致很多学生失去兴趣,所以需要丰富课程内容。要以丰富多样的项目、教学方法和形式多样的教学,充分调动每个学生的积极性。

2. 适合小学体育教学内容的体育游戏设计原则

在将体育游戏分配给教学内容时,应综合考虑各种因素。要深入学习课程的目的和任务,同时要根据学生的身心特点,进行游戏的选择、设计和调整。具体应遵循以下原则。

(1)设计和选取的体育游戏应与教学目标和教学内容相匹配。体育游戏设计归根结底是为了指导,而游戏设计也不是漫无目的的,反馈或奖励必须体现其自身的功能。

(2)游戏的设计和选择要考虑学生的年龄特点和运动水平。各个年龄段学生的身心特点不同,身体发育有差异,需要灵活选择游戏。不同年龄段学生的运动能力存在较大差异,这在小学生中更为明显。例如,一年级、六年级都是小学年龄组,但身体和心理状况的快速发展导致两个级别的学生之间存在较大差异。设计的游戏不能机械复制,需要根据学生的具体情况进行改编或创新。

(二)适合小学体育教学内容的体育游戏应用效果

强壮的体质是学生进行进一步活动的保障,为了更好地掌握学生的整体身体状况,为体育工作者指明方向,教育部印发了《国家学生体质健康标准》。体能测试水平是指按规定的标准统计所有被测试人员的优秀率、良好率、合格率和不合格率的结果。体能水平可以反映一个群体中不同指标在不同水平上的分布情况。本研究通过对受试者体能测试水平的测试、统计和比较,检验设计和实施适合小学体育课内容的运动游戏效果,并分析是否可以通过整体及格来促进小学生的运动水平。

三、体育游戏在小学体育教学设计与应用过程中存在的问题

(一)游戏应用过程中对学生组织效果不理想,尤其纪律性需要加强

游戏设计和应用的对象是小学生,通常在课堂上教授。按照目前小学班级的容量,每个班级的学生人数最少为 30 人,最多为 40 人。教师如何在一定时间内实现对学生的指导,开展什么样的活动,哪些练习备课时要充分,这对课程的顺利进行尤为重要。在教学过程中,往往需要根据实际教学情况临时调整练习编队,尤其是在竞技比赛中,为充分体现比赛的公平原则,每组人数经常临时调整,给教师带来组织上的困难。另外,教学对象是小学生,他们的注意力比较难集中,容易出现分心现象,尤其是在集体练习时,往往会因缺乏监督而不认真练习,甚至玩闹追赶,会给正常的教学造成一定程度的影响。

(二)游戏的过度参与,降低了技能的习得效率

与传统教学相比,游戏的娱乐性可以调动学生的积极性,但如果游戏的时间安排不是最优的,会导致相对较多的游戏时间和技能压缩。因此,在学习过程中,学生刚学的动作在形成之前就被破坏了,不利于动作的定型。因此,在设计游戏时,要考虑时间管理的问题,注意与技能要求的科学结合,让学生的技能和情感双向发展。

(三)游戏练习的形式、评价方法欠丰富

本研究在设计游戏时考虑了游戏内容的新颖性,在以往游戏素材的基础上进行了大胆的改造和改进,并结合教学实践进行了多种形式的运用,如传统的接力赛普遍存在团体少、运动效率低的特点。本次研究将学生分成多组,在比赛中融入其他技能,或者加入一些简单的故事情节,使学生的智力可以在锻炼体力的同时得到提高。这些项目得到了学生的一致认可,但由于本研究设计的游戏项目是第一次使用,游戏规则、评价方法相对不完善,这意味着实施的整体效果可能与预期效果有一定的偏差。但是这种形式的实践非常流行,所以教师可以从这种形式中汲取灵感,然后为新的游戏设计拓宽思路。

四、适合小学体育教学内容的体育游戏设计与应用的建议

（一）在设计、应用过程中充分考虑教学对象的实际情况

设计游戏时要与实际情况密切相关，班上的学生容易分心，老师要发挥教育机智，运用幽默风趣的语言，借用各种形式的奖励和表扬来吸引学生的注意力。此外，体育比赛的申请过程涉及队列队形的多次转移和每组人数的多次分配，在进行编队转移和编号分配时，应充分考虑每个学生的特点。避免学生因分组不公平而产生争执，影响课堂效率。

（二）设计与应用过程中注意对度的把握和对技能的传授

教学的首要任务是传授知识，完成教学任务是好教学的标准之一。每种形式的练习都应根据教学内容来设计，在将教学内容游戏化时，必须保证游戏的内容不仅能引起学生的兴趣，而且要让他们在愉快的学习氛围中学习知识、技能和方法。因此，在学习过程中，要吸收和运用传统的教学方法，牢牢把握游戏应有的"度"，游戏的实践并不能完全取代技能的学习。应适当分配技能的讲解、练习和游戏时间，以最大限度地提高学习成果。

（三）游戏的形式和内容应进一步丰富

体育游戏的重复使用、游戏风格和运动形式的老化已成为小学体育课的常态，观察体育课不难看出，游戏的丰富性其实是有所欠缺的。教师不应该将自己局限于几个固定类别的游戏。一款体育游戏可以通过多种实践方式进行强化，这就需要教师有丰富的游戏理论知识和实践经验，对原有游戏进行合理调整甚至创新，使其符合小学生的身心特点。

五、结论

现阶段，小学体育部分教学内容适合游戏化教学。此类教学内容的体育游戏设计应遵循学生身心发展规律，服从教学目标。本研究通过对小学体育课内容的具体分析，将设计的体育游戏融入教学实践，提高了学生的运动能力，提高了学生的体质健康测试依从性。体育游戏作为锻炼运动技能的工具，消除了一些项目的无聊感，激发了学生对运动实践的兴趣。实验结果表明，实验班学生对运动的兴趣远高于对照班，会更积极地进行体能学习和体育锻炼。

（作者系北京市朝阳区实验小学左家庄分校张永泉）

参考文献

[1]李文焘.体育游戏在室内体育课中的开发与应用研究[J].文化创新比较研究,2021(5).

[2]陈妙婷.关于体育课组织教法的选择、运用及改革的研究[J].田径,2018(6).

[3]王梅兰.体能游戏在小学体育课堂教学中的实施策略探析[J].运动精品,2021(10).

小学足球教学采用比赛教学法的思考

摘要：作为世界第一大运动，足球深受人民群众的喜爱，我国校园足球近年来的快速发展也对足球教学方式的革新提出了更高的要求。青少年足球教育是发展足球运动的基础，小学阶段足球教育不仅是国家倡导"四级联赛"机制的重要组成部分，也是培养学生足球技能、健全人格与锤炼意志的有效方式。本文结合小学生的身心特点，深入探讨了"比赛教学法"在足球教学中的应用，以期为小学足球教学方式的革新提供一定参考。

关键词：比赛教学法；兴趣培养；小学生；足球教学

一、前言

2009 年，教育部联合国家体育总局制订了《全国青少年校园足球活动实施方案》，在全国范围内选择上千所小学进行足球教学"布点"，通过校园足球活动的形式，普及足球知识，提高小学生的足球技能，为改变足球水平整体落后的状况进行了系统布局。足球运动作为全世界参与人数最多的运动之一，吸引着广大少年儿童的积极参与，让少年儿童在足球运动中获得了巨大的身心愉悦。"校园足球从娃娃抓起"也逐渐成为当前青少年足球运动发展的共识。足球教学作为学校体育教学中的一项，在符合国家教育导向的同时，还有利于青少年儿童形成良好的健身意识与习惯，而且有利于扩大青少年参加足球运动的规模，培养青少年的足球兴趣，增加足球爱好者和培育足球人才。因此，革新传统教学方式，采用比赛教学等方式，关注小学生在足球运动参与过程中的情感需求，调动学生参与足球运动的积极性，将快乐体育、健康足球理念进行融合渗透，不仅是发展我国足球运动的客观需要，也是进行小学生体育教学的内在需求。

二、小学足球教学中比赛教学法的理论依据

足球教学是为了培养学生兴趣,增强学生对足球运动项目的喜爱,并将学习的运动技术转化为运动技能学习。比赛教学法以一种游戏、简化或修改比赛规则的方式,以赛代练为目的,达到学习运动技能的教学方法。教师应发挥学生的主观能动性,在足球教学过程中从教学方法和教学手段上不断地完善、丰富。不同的教学方法,有着不同的教学质量;不同的训练手段,有着不一样的运动技能水平。

传统的教学模式急需改革,学生在这样的教学模式下无法体现其主体性和创造性,也不能体会到足球运动在比赛对抗中展现的"游戏"本质和乐趣,结合当前所倡导的"终身体育""健康体育""快乐体育"等指导理念,在足球课堂中采用比赛教学法,探讨其对足球教学效果的影响,通过这样的教学实验研究来提高学生的足球技能,并为教学方法提供改革依据。

三、小学足球教学中比赛教学法的应用策略

(一)教师引导热身,为足球比赛打好基础

热身 游戏名称	游戏方法	学生 层次分类	对该层次学生课前热身的指导
两人三足	将双方的其中一条腿绑在一起,两人合作走到终点	第一个层次:体育锻炼缺乏积极性且身体素质本身较差的学生	1. 检查并系好鞋带; 2. 原地活动脚腕并原地踏步热身; 3. 寻找同样水平的伙伴,并划分为同一组,保证同一速度
		第二个层次:体育成绩一般、身体素质一般的学生	除了基本的热身运动外,更多的是关注游戏本身的技巧并关注游戏的取胜点,且严肃规范纪律
		第三个层次:体育水平较好的学生	除了需要做以上两个层次学生热身准备的基本动作外,还要在游戏正式开始之前根据教师讲的游戏要领演习一遍,从而更加熟悉游戏,且严肃规范纪律

小学生的身体发育特点决定了其所能承受的体育锻炼的强度和力度都要稍弱一些。体育教师需要充分重视赛前热身环节。传统的体育课热身主要靠教师口令讲授等方式,枯燥无聊,学生代入感较差,效果甚微。教师可

以在该环节采用游戏化的方式让学生进行热身,从体育课程一开始就激发出学生锻炼的兴趣。考虑到小学生身体素质水平的差异,教师可以采用三个层次进行赛前热身指导。第一个层次是体育锻炼缺乏积极性且身体素质较差的学生;第二个层次是体育成绩一般、身体素质一般的学生;第三个层次是体育水平较好的学生。了解整个班级不同水平学生的情况后,对学生有针对性地进行引导热身,根据不同学生的不同水平,进行不同的导学热身内容的教学,为游戏活动的进行打好基础。

(二)游戏与比赛交替进行,创新足球教学新方式

比赛教学法顺利实施的一个重要前提是学生拥有基本的足球技能与基本功底。综观小学生足球技能水平现状,虽然比赛教学法符合其身心特点,但普遍较差的足球技能基本功,一定程度上对比赛教学法是"拖后腿"的存在。因此,采用"寓教于乐"的练习方式,为比赛教学方法的实施奠定必要基础,是必要且可行的。

现在小学足球教学过程中存在的一个问题就是学生比较喜欢足球课,但是一旦让学生进行技巧学习、反复练习则表现出较低的学习兴趣,从而降低小学足球的学习效率。这个现象表明,学生不喜欢灌输式的教学方法。所以,为了提高学习效率以及激发学生学习足球的积极性,教师可以设计几个小游戏,让学生能够在游戏过程中学习足球。例如,可以将盘带球设计成"蚂蚁搬家"和"丛林追逐",让学生更好地掌握盘带球,锻炼学生的控球能力。学生在学习传定位球以及练习传定位球时,根据定位球课程要求传得较为准确的教学目标,设置以"足球打靶"和"脚踢保龄球"为主题的游戏,让学生将脚下的足球看成保龄球,让其不断进行学习、练习,从而锻炼学生传球的准确度、提高学生的控球能力。学习点球时,教师可以通过"击鼓传球"的方式让大家轮流互射点球。游戏教学法不仅迎合小学生活泼、好动的年龄特点,同时能够激发学生的学习主动性,能够让学生在快乐的氛围中学习足球,从而让学生对足球课有所期许。

在学生具备一定足球技能的基础上,开始组织比赛,为每一名同学分配角色,大家都带着为了赢得比赛需不断进行练习的心态学习足球,会有一定的紧迫感并不断进行努力,从而调动学生学习的主动性。

(三)结合学生特点,设计教学计划

结合学生特点,进行比赛教学计划的设置,让比赛教学方法更具针对性,从而提高教学效率。其核心主要有两方面:第一是针对不同年级的小学生进行比赛教学计划的设置;第二是针对同年级不同学生的身体素质差异,进行足球比赛角色的分配与训练。

首先,小学低年级学生,年龄较小,身体素质、柔韧性、灵敏性较差,因此在比赛教学中应当重点关注这些方面的素质培养。通过组织小型传球比赛、跑位训练、点球比赛等方式,结合游戏化教学理念,为低年级学生的身体素质提升提供帮助。

其次,针对同年级学生发育差异的现象,以及男女生性别差异问题,体育教师应该根据足球比赛角色特点进行适当安排。对灵敏性、身体素质好的同学,安排前锋等活动量较大的角色;对体重较大、灵敏性差的学生,可以安排守门员或后场等角色。同时,在比赛设置上,还要考虑双方的平衡性,从而保证比赛的正常进行。

四、结语

比赛教学方式,不仅能激发学生参与足球运动的积极性,还能达到以赛代练的目的,显著提高小学生足球技能和增强班级团队的凝聚力。在足球比赛教学过程中,教师应逐步引导学生树立健康第一的理念,帮助学生在足球体育锻炼中享受乐趣和增强体质,能收到足球技能和磨炼意志的"双赢"结果。

(作者系北京市朝阳区实验小学左家庄分校季新超)

参考文献

[1]徐丹,郎健,王长权,等.比赛教学法在小学足球教学中的运用[J].中国学校体育,2011(3).

[2]石孝磊.比赛教学法在小学生足球课中的实验效果研究[D].成都:四川师范大学,2019.

[3]朱薪达.足球培训中使用游戏教学法与比赛教学法对小学生注意力集中性的影响研究[D].云南师范大学,2018.

[4]张泽松.浅析游戏教学法对小学生足球兴趣的培养[J].中国校外教育,2019(19).

浅谈如何在道德与法治学科中巧妙进行社会主义核心价值观教育

摘要：从外部社会背景分析，在道德与法治学科中加强社会主义核心价值观教育具有必要性与紧迫性；从内部教学内容分析，道德与法治学科和社会主义核心价值观具有天然的密切性和关联度。从新的教育理念和政策导向出发，教师应通过深入挖掘教材、广泛开拓活动、充分借力现代媒介等手段，在道德与法治学科中渗透社会主义核心价值观教育。

关键词：外部环境；内部关联；道德与法治学科；社会主义核心价值观

从实现全面小康到共庆建党百年，从中美贸易争端到新冠肺炎疫情肆虐全球，近年来，国内国际大事不断，世事纷纭令人眼花缭乱。这也给教育界带来新的挑战。如何正确看待这些新现象，如何正确评价各种新争议，如何确立正向的道德观，这些都是摆在道德与法治学科教师面前的一道必答题。笔者认为，在这方面，有效进行社会主义核心价值观教育是道德与法治学科教师必须牢牢把握住的一把金钥匙。

一、新时代教育背景的新变化

（一）社会生态新变化

1. 国内外百年变局，教育界因应变化

近年来，国际国内大事不断。这一过程中，新冲击不断出现、新情况不断涌现，各种新的评价与批判标准也应运而生。在这种情势下，如何帮助学生正确看待百年变局、准确作出善恶判断，亦是教育界面临的重大时代课题。

2. 疫情下民心汇聚,育新人顺时应势

突如其来的新冠肺炎疫情,深刻改变了社会生态的方方面面。与西方国家相比,中国在疫情防控方面的成绩有目共睹,赢得国内外一片赞誉。当前也是开展爱国主义教育的绝好历史窗口,将抗疫精神等融入道德与法治学科,是应有之义。

3. 新科技层出不穷,给道德带来新考验

进入新千年以来,各种高新科技以前所未有的速度、深度和广度,进入人类的生活。近年来,元宇宙、去中心化、交互体验等新概念更是不断刷新了人类的认知。科技发展一方面带来无尽的便利,另一方面也对人类道德带来了新考验。

(二)教育理论新发展

1. 学生为主,乐学为上

近年来,伴随经济社会的不断发展,教育教学理论探索也不断深入。以学生为主、以乐学为上的观点,日益为人们所接受。在道德与法治学科中,如何摆脱灌输式的教学模式,达到一种交互式的课堂体验,完成对道德与法治理念的教学,也成为该学科老师普遍思考的最重要课题之一。

2. 重视技术,强调创新

一直以来,教学阵地都是实践新科技的重要场地。近年来,全媒体、短视频、交互体验等新科技产物,不断出现在教师的课堂之上,成为学生喜闻乐见的学习手段。可以说,在道德与法治学科中,应用这些新教学手段,特别是现代媒介形式,已成为不可逆转的必然趋势。

3. "双减"政策,最新导向

2021年7月,国家发布"双减"政策,对不合理、超限度的课外辅导乱象进行有力整治。这一政策也给公立学校教育带来了新气象和新导向。如何在减轻学生负担的情况下提升学生的学习兴趣,如何在减轻学生精神压力的情况下扩大学生的收获成果,这些都成为"双减"政策背景下,教育界急需思考的新命题。

二、对社会主义核心价值观进入道德与法治课堂的新理解

（一）对社会主义核心价值观的新阐发

1. 将"国家层面要点"切入个人理想

"富强、民主、文明、和谐"是"国家层面"的价值诉求。在以往的教学过程中，教师容易将这部分内容大而化之地进行讲解。事实上，这部分内容与每个公民的生活诉求密切相关，特别适合将其转化为学生的人生理想进行解析，这也是在道德与法治学科切入社会主义核心价值观的重要角度。

2. 将"社会层面要点"带入课堂氛围

"自由、平等、公正、法治"是"社会层面"的价值诉求。在一般的认知和理解中，教师往往将这部分内容放到社会实践中，或是作为案例进行讲解。事实上，这部分内容完全可以进行微缩化处理，把课堂环境作为"小社会"进行情境类比，这样也能让学生更好地理解这部分内容。

3. 将"个人层面要点"融入家国大局

"爱国、敬业、诚信、友善"是"个人层面"的价值诉求。对这部分内容的理解和阐释，不应局限于个体层面，而是应与丰富广阔的社会生活结合起来，与国家发展的大局结合起来，只有这样，才能更好地让学生理解个体道德发展对社会发展进步的深层次影响。

（二）对社会主义核心价值观进入道德与法治课堂的新理解

1. 不是灌输理念，而是心灵交互

道德与法治学科通常被泛泛地理解为"道德训诫"，而社会主义核心价值观也容易被片面地理解为"价值灌输"，为此，在道德与法治学科中渗透社会主义核心价值观，特别需要注意不要陷入"从道德到道德，从灌输到灌输"的怪圈，相反，应该从学生心理特点和社会心态变化的动态视角，进行交互式的体验共享。

2. 不是生硬结合，而是内部生发

从表面上看，道德与法治是一门独立的有完整体系的学科，而社会主义核心价值观是具有指导性的思想共识。二者貌似内容不同，体量有异。但事实上，二者具有共同的导向性，那就是引导全社会特别是青少年群体树立正确的人生观、价值观和家国观，共同为实现中国梦而努力奋斗。

3. 不是旁敲侧击，而是正面阐释

在教育教学实践中，很多教师由于担心陷入单向灌输的境地，而避免对社会主义核心价值观进行正面阐发，事实上，这种想法是非常错误的。社会主义核心价值观和道德与法治学科具有天然的联系，在教学实践中，教师应该尽量挖掘二者的内在联系，从而让社会主义核心价值观的教学变得更加主动、正面和完整。

三、在道德与法治学科中培养学生社会主义核心价值观的新方法

（一）课堂上内容手段"双发力"

1. 与课内教材深度融合

社会主义核心价值观作为一种充满正能量的主流价值观，和道德与法治教材并不是"二层贴"的关系，而是具有深层次的内在关联。因此，在教学实践中，教师应该着力挖掘二者的关联，找出二者的结合点，进行讲解与阐释。比如，在道德与法治教材《人大代表为人民》一课中，教师就可以从班干部选举、教师代表选举等类比情况入手，讲述人大代表的选举制度，进而让学生领会社会主义核心价值观中"民主"的意蕴，而在讲解选举权的广泛性时，教师也可以非常自然地将"平等"的理念贯穿其中。在这种情况下，道德与法治教材就与社会主义核心价值观形成了珠联璧合、天衣无缝的联系。

2. 与课外资源广泛联手

道德与法治学科是一门延展性很强的学科，各种课外资源都可以被广泛引入课堂教学，这也成为社会主义核心价值观和道德与法治学科的黏合剂。充分利用好课外资源，特别是新近发生的社会中的典型事件，正是道德与法治课堂有效渗透社会主义核心价值观的重要法宝。比如，在讲述道德与法治学科四年级内容《让生活多一些绿色》时，就可以给学生列举人类各种各样的污染行为，以及中国近年来大力保护绿水青山的成果，让学生体会"文明"行为、"和谐"生态的重要意义。在这里，社会主义核心价值观的渗透也是十分自然和巧妙的。

3. 与现代媒介巧妙协作

同样的内容在不同的方法之下，也会收到不一样的阐释效果。在道德与法治课堂上渗透社会主义核心价值观的过程中，教师尤其应该注意运用短视频、动图、交互体验等新媒介形式，让课堂变得鲜活，让社会主义核心价

值观在道德与法治课堂中变得自然生动。比如,在讲授《我们的班规我们订》一课时,教师就可以充分发挥学生的主人翁精神,让他们自主设计班规班约,让学生用小视频、PPT等形式展示自己的成果,感受"自由"的氛围,同时领悟对班级事务负责任的"敬业"精神。

(二)课堂下实践活动"有效益"

1. 努力利用课外空间

道德与法治学科经常会给学生提供丰富有趣的课下实践课题,而这部分也正是联结道德与法治课程和社会主义核心价值观的重要纽带。如果教师能够在设计实践活动时,有意识地将社会主义核心价值观的实践内容融入其中,必将取得事半功倍的效果。比如,在讲解《中华民族一家亲》的内容时,教师就可以设计"56个民族历史小考""我身边的少数民族朋友""我们不一样也一样"等实践活动,在提升学生动手检索能力的同时,让学生体会"友善"的民族关系,感悟多民族国家国民身上那种深厚的"爱国"情怀。

2. 努力言传身教

道德与法治学科特别强调教师的身教示范效应。学生会格外关注教师的一言一行,因此,将社会主义核心价值观的要求通过教师自身言行的方式渗透给学生,同样是道德与法治教师需要格外重视的教学方法。比如,教师应该对学生一视同仁,制定"公正"的班级规则,营造"友善"的班级氛围,传播"诚信"的人格魅力,烘托"自由"的学习精神,让学生在与老师相处的过程中,在细微的日常的班级生活中,体会社会主义核心价值观的生动内涵。

3. 努力增进家校互动

近年来,家校互动越来越受到学校和家长的重视,有效的家校配合也日益成为有效教育的重要元素。那么,在道德与法治学科渗透社会主义核心价值观的过程中,教师同样要利用好这块阵地,通过设计鲜活有趣的亲子活动或实践项目,让家长也参与"培根铸魂"系统工程。比如,教师可以在"12·4"国家宪法日设计"青少年法律常识面面观"比赛,在每年国家推选"大国工匠"的时候设计"我心中的敬业英雄——手抄报大赛"等,让学生与家长在共同写写画画、查查找找的过程中,体会"法治""敬业"等核心价值观的生动内涵。

总而言之,道德与法治学科是一个开放的课堂,社会主义核心价值观是一个丰富的价值体系,二者完全可以通过教师的巧手连缀,实现教与学的双向互动,完成学与玩的有机结合,达到善与美的终极诉求。

(作者系北京市朝阳区实验小学左家庄分校马辉)

参考文献

[1]黄唤英. 浅谈小学《道德与法治》核心价值观的教学策略[J]. 国家通用语言文字教学与研究,2021(3):76.

[2]杨静. 从"离身"到"具身":学校德育的困境与转向[J]. 教育探索,2021(1):52-56.

[3]屈跃宽,唐爱民. 社会价值观视域下的学校德育变革[J]. 现代基础教育研究,2021(1):123-128.

[4]毕珏. 具身认知:学校德育审视的新视角[J]. 教育探索,2018(4):73-77.

[5]邓超. 德育管理化倾向的原因及对策探析[J]. 中国教育学刊,2017(3):100-104.

[6]杜时忠,杨炎轩. 德育实效的考察维度、现实状况与提升策略[J]. 中国德育,2014(7):12-16.

[7]张典兵. 我国德育变革的问题分析与对策趋向[J]. 教育与教学研究,2014(5):47-50.

[8]王晔. 论现代教学中的多媒体使用[J]. 教育科学,2013(4):50-53.

让劳动技术课堂充满乐趣

摘要:众所周知,兴趣是入门的导向。如果学生能对学习产生浓厚的兴趣,那么他们就会燃起强烈的求知欲望。如何激发学生的学习兴趣是值得教师深入研究的。以《趣味园艺》一课为例阐述了"趣"自疑中来、"趣"自用中来的实践过程,通过创设情景激发学生的兴趣;逐步树立学生主动参与的意识,使学生成为学习的主人。

关键词:劳动技术;课堂;主动学习;实践

众所周知,兴趣是入门的向导。如果学生能对学习产生浓厚的兴趣,那么他们就会燃起强烈的求知欲望。"知之者不如好之者,好之者不如乐之者。"这句话一直促使笔者思索如何让劳动技术教学课堂富有魅力,像磁铁一样吸引着学生,引导他们主动学习。因此,教师需要深入挖掘激趣因素,让学生愿学、乐学、会学、学会,真正成为学习的主人。

劳动技术教材中涉及一些栽种与无土栽培的内容,为使教材内容与实践有机结合,笔者在授课前先以图片、实物、故事等方法对学生进行引导,待学生对这方面的内容产生兴趣后,笔者把相关知识作了一个简单的梳理,选题为《趣味园艺》。

一、"趣"自何处来

"趣"自疑中来

五年级学生已经掌握了最常用的花卉种植方法,即播种法和移栽法,对无土栽培的知识和技术也有了简单的了解,他们对种植技术有着极高的兴趣,随着季节及环境的变化,学生周旋于各种植物的生长过程,不断设疑,他们的大胆想象使笔者对教法有了新的创意。

"趣"自用中来

绿色植物能减少室内的污染。房间中如果摆放几盆绿色植物,我们就能呼吸到更为清新的空气了。在学习种植的基础上,学生已经对部分植物有了一定的了解。在不经意中学生感受到植物的生长并不神秘,生活中处处都有植物,同时在"学以致用"的过程中,学生学会用植物进行趣味园艺的栽种,体验到了学习与实践的快乐。同时,笔者力求把课堂教育的内容延伸拓展到课外,让学生热爱大自然。

二、教学目标及分析

(一)显性目标与内容

应知:栽种趣味园艺所需要准备的各种材料。

应会:掌握栽种趣味园艺的步骤和方法。

(二)隐性目的与内容

设计实践活动,使学生了解植物与生活的联系,激发学生设计、创造美好事物的愿望及热爱生活的情感,并在设计过程中培养学生的创新能力。

设计本课的目的:激发学生栽种趣味园艺的兴趣,使学生掌握栽种趣味园艺的步骤和方法;通过合作参与培养学生的实践能力和创新精神;培养学生的审美能力,激发学生热爱生活的情趣。

教学重点为趣味园艺的栽种方法,难点为趣味园艺的整体造型。课上,学生在组长的带领下,一起分析、交流,在共同探讨和教师的讲解与演示下,使每一名学生都掌握趣味园艺的栽种步骤与方法。在设计整体造型的过程中,教师又利用几幅图片对几种趣味园艺的设计进行讲解,使学生了解设计时应注意的要点;组织学生进行交流,并适时进行点拨,实现资源共享,从而打开学生的思路,加强其设计的深入性。总的来说,就是引导学生在观察中获取方法。另外,对于教学难点,除了分解处理外,教师还要加强实践时的指导,从而帮助学生扎扎实实地掌握设计技巧,完成设计制作。

三、教学设计思路

(一)创设情景,激发学生学习兴趣

兴趣是一个魔术家,它可以使人发挥出巨大的潜能。心理学认为,学习兴趣是乐于接近、寻求并主动获取知识的一种认识倾向。劳动课无论安排

什么样的教学内容,贯穿其中的指导思想始终是不变的,那就是要让学生产生学习的愿望、迸发劳动的热情。有了这些,学生才会在劳动中发挥聪明才智,积极主动地解决问题,才能不断地提升劳动技能,受益终身。因此,在教学过程中,教师精心设计了能够激发学生学习兴趣和求知欲望的教学方案。通过巧妙的设疑、适时的提问,活跃课堂气氛,并利用直观的教具、生动形象的语言和多媒体教学手段吸引学生的注意,促使他们兴趣盎然地参与教学活动。例如,一上课教师就端出一盆趣味园艺并说道:"老师今天给咱们班同学带来一样礼物!"这样一下子就吸引了学生的目光,激发了学生的学习兴趣。这时教师介绍:"这是摆放在我家客厅的一盆园艺,你看,这里面不仅有苍松翠柏、怪石、假山,还有小路穿于其间。"并追问:"你们喜欢吗? 在哪儿见过类似的园艺? 它有什么作用啊?"同学们的思路被一下子引到了教学中。

(二)激发学生主动参与意识,使学生成为学习的主人

现代教学论认为:"学生是学习的主人,是具有主观能动性的人,而不是消极的容器。要使学生把人类知识转化成自己的财富,就必须引导他们主动学习。"教学过程本身就是师生共同发展的互动过程,也是教师引导学生以积极的心态主动参与学习,运用已有的知识和经验去解决新问题,同化并构建新知识结构的过程。因此,教师要在新课程的教育理念指导下,探索如何引导学生自主学习的有效途径和方法。

1. 确定自主学习目标,增强主动参与意识

教师要调整好与学生之间的关系,将自己视为"一名顾问""一名交换意见的参与者""一名帮助发现矛盾论点,而不是拿出现成真理的人"。要树立正确的学生观,努力改变学生的学习方式,变"接受型"的被动学习为"探索型""发现型"的主动学习,置学生于学习的主体地位。在确定教学目标时,要明确本节课所要学习的内容和需要达到的程度,促使学生带着问题积极主动地参与学习。这里强调的是,不仅要让学生明确一节课的总目标,而且还要让学生明确每个教学环节的具体目标。例如,介绍植物这一教学环节,是为了让学生对植物的生活环境能有一个初步的了解;让学生在组长带领下研究流程图,为的是让学生明确趣味园艺的栽种步骤和方法等。

2. 激发自主学习动机,形成主动参与行为

心理学研究表明,凡是富有成效的学习,首先是学生对所学的材料怀有深厚的兴趣,它是学生在学习活动中一种积极的认知倾向,它是主动获取知

识,拓宽眼界、丰富精神世界的内在推动力。本节课中,教师为学生准备了各种各样的杯子、破了的雨鞋、书包、奇形怪状的盒子、坏了的乒乓球拍等多种容器让学生进行选择,不但体现了实用性与环保意识,还突出了趣味性。学生很感兴趣,急切地想看到通过自己的设计后,栽种出的园艺效果,这为动手实践打下了良好的基础。整节课中,教师将自己置于参与者和服务者的位置,真正地把学生当作学习的主人,实实在在地营造出平等、宽容、尊重、理解、和谐、愉悦的学习氛围,促使学生在课堂上想说、敢说、乐说,积极参与教学活动。

3. 提供自主探究机会,拓宽自主参与空间

课堂教学的优质高效,离不开全体学生积极有效的全程参与。因此,教师要努力创设自主探索的空间,促使学生动脑思考、动手操作、动口表达,使外部物理活动转化为内部智力活动,由此获取知识,发展智能。本节课从一开始植物的介绍、植物与器皿的搭配选择,到研究趣味园艺的栽种步骤和方法,以及设计方案都是学生在讨论与探究中自主完成的。教师在其中作了适当的指导,这样就真正发挥了学生的主体作用。例如,在学习栽种步骤和方法时,每组的桌子上都有一张流程图,请学生来研究栽种步骤。教师再根据学生汇报时所出现的问题进行指导;教师通过几幅图片对本课难点——趣味园艺的整体造型进行讲解后,问:"你想选择什么植物和器皿?栽种一个什么样的园艺?"小组进行讨论后选取了材料。这时教师又请每组汇报自己的设计,在器皿选择、植物搭配、层次、造型等方面进行有针对性的指导。倘若教师指导过多,只会使学生的思维产生惰性,极不利于其自主参与能力的培养。

四、突出差异性,提高学生的创造能力

同一阶段的学生能力水平各不相同,而且就个人发展而言,在一个时期,他们的思维程度也是有限的,因此,在学生自主设计之后,通过交流阐述设计思路来鼓励学生相互学习。通过相互启发,了解更多设计中可供参考的因素,从而带动学生进一步改进、完善自己的设计,在集思广益的基础上实现对作品的精益求精。在成果展示时,一组同学手捧着用鸡蛋壳当器皿的园艺造型介绍道:"我们的作品取名为春天的序曲,春天是万物复苏的季节,而鸡蛋壳的破裂也代表着新生命的诞生,再搭配一些紫色的小花,更体

现了春天的气息。"教师有感而发:"你们的作品使我感到了春天的到来,希望每位同学年年都有一个良好的开端!"有的同学介绍道:"我们组每个人都特别喜欢打乒乓球,每个人都有用坏了的乒乓球拍,就义无反顾地选择了它!"举了举手中的作品继续说:"我觉得我们的作品特别有趣,挂在墙上肯定会引来不少人的目光!"又不好意思地说道:"就是名字还没取好。"教师马上动员大家帮他们取名字。有同学说:"我国的乒乓球运动员特别棒,每次大赛都能取得第一名,我看就叫夺冠吧!"同学们还展示了用橘子皮、雨鞋、书包、杯子等各种材料做容器栽种的园艺,每一件作品都令人眼前一亮。教师对每一件作品都作了恰到好处的评价。最后,教师还引出了一些拓展作品,进一步开拓学生的思路,激发他们积极参与的热情,将课堂延伸到课外,延伸到学生的生活之中。

　　总之,学生是学习的主人,无论是知识获取,还是知识实践,都要学生主动参与、自主构建。让学生获取已有的、现成的知识并不是现代教育的教学目的,教育更重要的是要帮助学生掌握获取知识的方法和途径,使学生学会运用知识,这样学生才能获得宝贵的学习能力,真正做到学以致用。

（作者系北京市朝阳区实验小学左家庄分校李海峰）

参考文献

[1]李冲锋.教师如何开发与利用课程资源[J].教育科学研究,2012(8):9.

[2]陈惠英.课堂教学中教师如何捕捉、利用与开发学生资源[J].教育科学研究,2010(4):23.

有效利用课程资源　切实提高课堂实效

摘要：课程资源的开发与利用蕴含着艺术性和创造性。对课程资源的开发与利用，可以从多角度挖掘物质资源，保障实践活动的开展；多维度储备教师资源，提升实践活动的品质；多方位开发学生资源，丰富实践活动的内涵三方面来考虑。关键是教师要善于用"发现的眼光"去挖掘生活中的、课堂中的有效资源，经过灵活的加工处理之后，行之有效地应用到教学中。

关键词：课程资源；课堂实效

理念是在不断学习中深化的，经验是在不断摸索中积累的。伴随着对课程理念和实践探索的深化，笔者深刻地意识到课程资源的开发与利用对课堂教学来说具有举足轻重的作用。

综合实践课程是基础教育课程中的一门必修课，它的主题要求具有一定的综合性、实践性、社会性和开放性，学生在实践活动中需要以大量的课程资源作为保障。全纳性教育理论指出，教学对象之间存在着广泛的差异性，教师在设计教学时，能否把贴近学生生活、满足学生兴趣、激发学生思维、引导学生探究的资源引入课堂并合理应用，直接影响课堂教学效能的高低。

那么什么是课程资源，又有哪些可以开发和利用的课程资源呢？首先，课程资源也称教学资源，它是课程与教学信息的来源，或者是一切对课程和教学有用的物资和人力，它是课程必要而直接的条件。其次，从课程资源的类型来看，课程资源大体可以分为物质资源、教师资源和学生资源。

一、多角度挖掘物质资源,保障实践活动的开展

物质资源是教学过程中最外显的一种资源,它的开发与利用既可以将学生有效地吸引到课堂,又可以为实践活动提供必要的保障,是实践活动的重要根基。

(一)认真钻研教材,充分挖掘教材资源

教材是教师组织教学的载体,是学习的基础。因而,在设计教学活动时,教师要深钻教材,掌握教材编写的意图,准确把握教学目标,通过对知识点、情感、价值目标的实施和延展来达到对课堂教学资源的有效利用。在此基础上,教师还要发现隐形财富,创造性地使用教材。

除此之外,结合学校情况,教师还可以自主开发教材,丰富学习资源。例如,随着世界环境日的临近,教师可以开展"我是环保志愿者"的主题活动,结合北京冬奥会,教师可以开展"相约冬奥"的主题活动。

(二)深入研究学生,筹备相关教学用具和条件

学生是课堂活动的主体,课堂实践活动必须建立在学生的认知发展水平和已有知识经验的基础之上,要以学生的发展为本。那么,面对众多的物质资源,什么才是学生所需呢? 教育心理学研究表明,只有让学生保持好奇心,才能够激发学生的学习兴趣,只有让学生以高效率的心理投入,才能激发和培养学生自我学习的兴趣和积极思维的习惯。

因此,教师在设计教学活动时,一定要掌握学生现有的发展基础以及相应的学习需求,照顾不同学生的不同水平。例如,在"研究京剧脸谱"的主题活动中,教师可以在教室挂满京剧脸谱,利用视觉冲击力引发学生的研究欲望;可以播放京剧影像资料,保持学生的研究兴趣,加深活动理解;可以为不同层次的学生准备不同的设计制作材料,帮助学生切身感受京剧文化。

(三)利用网络资源的优势,为学生的学习提供广阔的平台

网络是信息化社会的重要标志,它拥有海量信息,可以资源共享,网络的开发与应用对于学生的发展具有独特的价值。教师要合理使用网络资源,在把握教学重难点的基础上设计出符合学生认知规律、思维特点、情感特征的教学呈现方式,让网络真正提高教学效率。

二、多维度储备教师资源，提升实践活动的品质

现代课程观认为，教师本身也是一种重要的课程资源，教师的文化底蕴、人文素养、人格魅力对学生来说就是一种丰厚的教学资源。作为课堂的引导者，教师只有自身储备了足够的知识，具备了良好的素养和情操，才能在设计教学的过程中自然地融入先进的教学理念，有效地挖掘并利用教学资源，将活动开展得生动而有实效，才能在信息传递和交流中带给学生更为丰厚的收获。教师是在物质资源中最重要的课程资源，他决定着实践课程的品质。作为教师一定要拥有终身学习、积极进取的心态，要通过自身素养的提高来开发自身所蕴含的课程资源。

三、多方面开发学生资源，丰富实践活动的内涵

课堂教学是一个互动的过程，学生不是按照教师的意图和方式成长的，他们在课堂中时时刻刻都在用儿童的眼光去理解、去体验，从而创造出自己的经验，这些鲜活的经验又会给课程带来新鲜血液，成为课程极为重要的组成部分。

（一）提升学生的观察能力，积累储备丰富的信息资源

学生作为课堂学习活动的重要参与者，他们的每一次思想动态都是重要的资源。课堂上我们常常能听到学生发表的一些独特见解，无论这些信息来自何方，对于我们听众来说都是宝贵的学习资源，它是学生继续接收信息的基础，是学生交流讨论的基础，也是大家深入学习的基础。作为教师，一定不能忽视学生的作用，要注重提升学生的观察能力，训练学生多听、多看、多思考，做一个有心的积累者，让学生成为头脑丰富、视野开阔的人。

（二）巧妙利用课堂的生成资源，全面提高实践课堂的活力

叶澜教授曾经说过："课堂应是向未知方向挺进的旅程，随时都有可能发现意外的通道和美丽的风景。"教学过程是师生互动、生生互动的多维度的动态过程。当"无法预约的精彩"成为一句熟语后，课堂中那些极富"生成"价值的因素就成为一种无比可贵的教学资源。对于教师来说，只有具备现场调控能力，善于捕捉关键的课堂生成，课堂教学才能真正有效并充满灵性和激情。

1. 鼓励交流对话，引发思维碰撞

法国教育家保罗·弗莱雷曾经说过："没有交流，也就没有真正的教育。"在课堂上，如果教师能够让学生无拘无束地、创造性地阐述自己的想法，让大家分享和品评，那么，就会实现生生之间、师生之间观点的交流、心灵的碰撞、思维的共振以及精神的提升，这便是课堂中不可缺少的宝贵资源。作为教师，应甘做"琴师"，善于拨动学生思维的琴弦，为学生搭建交流与对话的平台，为学生提供思维碰撞的机会和迸发灵感的可能。

2. 善于观察捕捉，耐心倾听思考

苏霍姆林斯基说过："教育的技巧并不在于能预见到课堂的所有细节，而在于根据当时的具体情况，巧妙地在学生不知不觉中作出相应的调整和变动。"在课堂中，学生常常会产生一些意想不到的生成性问题，教师要用心倾听、及时捕捉、巧妙转化、有效利用。这些信息很可能是学生的顿悟、灵感的萌发、瞬间的创造。如果处理得当，它们会成为新的教学资源。例如，在教学《编小兔》一课时，笔者在黑板上布置了一幅关于小兔的背景画，鼓励学生将作品展示在上面。正当学生们兴致勃勃地准备实践时，一名学生自言自语道："都是兔子，要是有只小鹿就好了。"多好的想法呀！笔者当即抓住了这个机会进行动态生成："小鹿有什么特点呢？你们能从兔子的编法中发现小鹿的编法吗？"在学生们你一言我一语的商讨中，很快教学就有了新的突破，知识的应用价值也得到了提升。

3. 巧妙利用错误，实现变废为宝

错误是学习过程中在所难免的。布鲁纳曾经说过："学生的错误都是有价值的。"作为教师，要知道这些"意外错误"是学生自主探究学习的自然生成，它们也可以成为宝贵的资源。面对学生所出现的错误，教师要从这个错误想法出发，适时点拨，发现其背后隐含的教育价值，通过灵活调控，把错误化为一次新的学习，将课堂上的"意外"转变成教学成功的催化剂，让错误发挥其潜在的教育价值。

4. 归整生成资源，提升资源品质

小学生的年龄特征和认知水平，决定了课堂上出现的生成资源有些是有价值的，有些是没有利用价值的。因此，对待"生成资源"，教师绝不能仅限于尊重，不能没有原则地迁就，不能毫无标准地称赞。教师应当适度发挥主导作用，给予学生有效的价值引导和人文点化，帮助学生梳理出资源体系,归整所有资源,提升资源的品质,实现资源的合理应用。

综上所述,课程资源对于课堂教学来说具有举足轻重的作用。"妙手捻来花千朵,人间万物皆入画。"课程资源无处不在,它可以源于物质资源,可以源于教师的储备,也可以源于学生自身所蕴含和生成的资源。教师作为学生利用课程资源的引导者和开发者,要善于用"发现的眼光"去寻找,去挖掘生活中的、课堂中的有用信息和资源,把这些信息和资源经过灵活的加工处理,行之有效地应用到教学中,从而提升课堂实效。

(作者系北京市朝阳区实验小学左家庄分校毕春莉)

参考文献

[1]吴刚平.从"教材"到"课程资源"[N].中国教育报,2015-07-09.

[2]陈惠英.课堂教学中教师如何捕捉、利用与开发学生资源[J].教育科学研究,2010(4):26.

[3]李冲锋.教师如何开发与利用课程资源[J].教育科学研究,2012(8):15.

基于幼小衔接的美术教具制作研究

摘要:随着社会的发展,在创新型课程政策的不断推进下,儿童美术教育越来越受到重视,同时,科技的进步使美术教学内容变得更加丰富多元,不再是以往简单的简笔画教学以及绘画技巧的教学,美术教学已经成为素质教育中重要的一部分。在现代教育理念下的美术教学,更加注重对学生想象力、创造力以及自我意识的培养。幼小衔接阶段的学生,幼儿园与小学之间的割裂,使得幼儿园绘画教学与小学绘画教学之间形成了一道天然的鸿沟,在这个衔接的过程中出现了或多或少的问题。建议从幼小衔接的低年级美术课教具制作入手,站在学生视角,针对多个原则进行教具制作。

关键词:幼小衔接;低年级;美术教具的制作

一、幼小课程衔接的概念

幼小衔接,或称"入学准备期""学习准备期""入学适应期""幼儿园与小学过渡期"等,是我国用以阐述早期教育与初等教育过渡与衔接的简称,其中"幼"指代幼儿、学前儿童,"小"指代的则是小学生。因此,幼小衔接便是这两个阶段的过渡,是儿童连续的、不断发展的社会、心理和身体发展上的衔接。该阶段,儿童要实现由幼儿向少儿的身份转变,完成学习、生活、环境等因素的适应过程。

二、幼小美术课程衔接的意义

(一)提升学生的认知能力

美术教育具有促进幼儿认知发展的作用,可以通过美术课程,培养学生对审美、空间以及其他相关内容等方面的认知。处于幼小衔接阶段的学生,还未具备直观、具体的形象、逻辑思维,他们感知世界的能力正在逐渐建立和提升,此时的美术课程,可以从视觉感官帮助学生更加具体地认知世界。

(二)培养学生的创造性思维

低年级学生的美术课程,主要是为了培养学生对于美术的学习兴趣,引导学生充分发挥他们的想象力,对周围感知的事物进行创造,常常采用较为简单的简笔画进行教学。在教学中,一些基础性的教学,多样化展示教学内容,可以锻炼学生的思考能力,同时对学生加以支持和引导,逐渐培养学生的创造力。从简单的仿照绘画开始,慢慢提升为一些主题绘画,例如,学生眼中的四季、想象中的太空以及 100 年后的生活等方式,循序渐进地培养学生的创新思维能力。

(三)帮助学生提高沟通能力

在美术课程的教学中,适当的小组活动以及合作绘画,可以提升学生的沟通能力和团队协作能力。在日常课堂教学中,常常通过讨论的方式,让学生猜一猜画的是什么,不仅能提升学生课堂学习的效率,更能够让学生在课堂上进行沟通交流,锻炼他们的沟通能力。在进行分组绘画时,学生可能会由于某些原因而意见不合,但最终为了顺利完成作业,学生不得不学会与同伴合作,在不断的磨合过程中,渐渐地他们就会具备与人相处的能力。

三、教具制作

(一)教具设计背景

当前的校本教学中,蚂蚁的元素经常会出现在各个学科,无论是语文教材中的"蚂蚁搬家要下雨",还是数学中将蚂蚁作为计算的元素,进行相关数学问题的表征;抑或是在科学科目中,对蚂蚁的生活环境以及生活习性进行探究。蚂蚁作为生活中最常见的昆虫,教师在教学中可以让学生通过蚂蚁更加直观地感受到想要表达的知识。

(二)教具制作原则

美术课程中的教具制作,需要紧紧围绕课程的核心和目标,因此,需要遵循主题性原则。在制作时,只有和教学内容紧密联系起来,对于学生来说,才能更好地感受学习的内容和知识。尤其是对幼小衔接阶段的学生来说,他们对于事物的把握主要体现在视觉感官上,美术教具的外观会直接影响他们对事物的判断。在制作过程中,对课程内容出现的主题性元素,通过教具的形状、颜色等细节处理来展现,能够使学生接触到教具,直观感受元素的各项特征,创造更好的学习环境。

幼小衔接学生是美术初期接触到的5～7岁的学生,他们的思维和认知能力会发生较大的转折和变化,已经从幼儿时期仅从长度大小理解事物过渡到对外形颜色等有自己的判断。在这个阶段的美术教具制作过程中,太过于简单的教具,无法满足学生的好奇心,在教学中学生会逐渐失去兴趣;教具太过复杂化,学生的思维不能较好地衔接上,也会影响学生学习的积极性。因此,需要根据学生的身心发展以及思维认识特点,进行适应性的教具制作。

(三)教具制作过程

本文选取常见的"蚂蚁"这一元素,结合上述教具的制作原则,对美术课中蚂蚁教学进行了教具制作。采用立体式的教学制作方式,分别展示蚂蚁的构成,包括头、胸、腹、三对足和一对触角。在腿的制作上,共分为5节:基节、转节、股节、胫节和跗节(见图1)。

图1 "蚂蚁"美术教具制作成品

按照蚂蚁的形态制作完成后,接着在另外一面,打造蚂蚁的卡通形象,以此来提高教具的趣味性以及学生的适应性。从图2可以看出,蚂蚁的卡通形象采用了拟人画法,将蚂蚁的眼睛用人的眼睛展示出来,并且蚂蚁的面部颜色选择了肤色,加上了腮红,使得蚂蚁的形象更加生动。在蚂蚁身体部位,用了彩色,增加了蚂蚁的趣味性,更能刺激学生的感官。

图 2　拟人化的"蚂蚁"教具

　　在拟人化的背景上,制作了不同的蚂蚁嘴部,可以灵活改变蚂蚁嘴部的状态,以及蚂蚁的各个关节,从而改变蚂蚁的表情、动作等,让整个教具更加充满了趣味性。同时,通过制作小蛋糕等道具,学生直观感受到了蚂蚁搬运食物的状态,观察蚂蚁的各个足之间的关系,更加了解蚂蚁的构造,更能体会到什么是"蚂蚁搬家"。

　　学生的心理状态会跟随蚂蚁状态的改变而改变,大大提升了学生课堂上的互动性和参与性,从而更加了解蚂蚁的各项特征,提高课堂的效率(见图3)。

图 3　"蚂蚁"状态的改变

(四)教具制作意义

　　幼小衔接具有承上启下的重要作用,让学生能够从简单的幼儿园转变到更加严肃以及开始接触相关知识的小学阶段,在这个过程中,培养学生各个方面的能力显得尤为重要。上述美术教具的制作,能够在一定程度上促使该阶段的学生全面发展。

1. 培养学生观察能力

本文借助美术教学中蚂蚁这一元素,在教具的制作上,紧贴蚂蚁的基本性能,这样在课堂的教学中,可以将小小的蚂蚁更加具象化。通过美术教具,使学生能够通过自己的观察,去感受蚂蚁的组成以及各个部位之间的关系,逐渐认识蚂蚁有两个长长的触角,认识到蚂蚁的头部、腹部的状态以及它们的关节等。教师通过一步步地引导,可以让学生更加细致地了解蚂蚁的外观,并且在这个过程中,可以不断培养学生的观察能力。

2. 提升学生审美能力

美术教具的制作会直接影响学生的审美能力,恰当的教具外形会让学生的思维得到启发,和谐的色彩搭配可以提高学生对色彩的感知能力。这个过程,让学生参与创作,可以不断提高学生的审美能力,通过观察、欣赏、记录的方式,提高学生的认识,进而提高自身的创作能力。

3. 促进学生精神发展

儿童是复杂且独立的个体,虽然他们的心智尚不健全,但是仍有自己的思考,有着属于自己的天性以及求知欲。教师应该看到学生天生具有好动、爱玩、好奇心强等天性。在美术教具的制作上,理解学生的天性,能够在使用时给学生一定的缓冲时间,让他们能够充分认识并接受道具所展示出来的意义和内容,从而激发学生本身具有的同情心、善良等一些美好的品质。在课堂的互动中,能够满足学生的好奇心以及对学习的向往和憧憬,不断鼓励学生,促进他们精神的健康发展并形成积极向上的品格。

4. 引导学生学会表达

在美术课程中,增加美术教具的使用,可以大大提高课堂的互动性。本文美术教具"蚂蚁"在课堂中的使用,通过不断变化蚂蚁的形态,让学生通过自己的观察表达他们所认为的蚂蚁状态的想法。以学生的视角阐述蚂蚁的所思所想,再将自己的想法表达出来,在课堂中通过这种方式,学生之间以及学生和教师之间的交流变得更加丰富,学生也在美术教具的引导下,不断提升自己的表达能力。

四、总结

对于幼小衔接阶段的学生来说,美术教具不仅仅是为了满足课堂教学的需求,更多的是要基于学生的心理考虑,通过美术教具,学生能够在美术课程中获得一种愉快的学习体验。在教具制作中,从学生的角度出发,要求制作者不仅要拥有一颗童心,更重要的是能够站在学生的角度,发现教具的趣味性和适应性,从而实现在学习中思考、在思考中学习。同时,要从美学的角度出发,突破美术教具的使用、体验和趣味性,促使幼小衔接阶段学生更好地过渡,全面促进他们的健康成长。

(作者系北京市朝阳区实验小学左家庄分校申蕾)

参考文献

[1]李中奇.提升小学新生学习适应性的行动研究[D].成都:四川师范大学,2021.

[2]王燕.幼小衔接教育实践研究[D].大连:辽宁师范大学,2015.

[3]王萍.幼儿美术认知探索[J].文化创新比较研究,2018(2):53 – 54.

[4]王昆,郑竞翔.美术教学中幼儿创造性思维的培养[J].学前教育研究,2014(9):70 – 72.

结合生活实际巧设小学英语课堂活动

摘要:结合学生生活实际巧设小学英语课堂活动是以学生的现实生活为桥梁,将语言知识的学习,语言技能、思维能力的培养融入学生的实际生活,使英语的学习与学生的实际生活融为一体,在源于生活、服务生活、表达生活中,感知、理解、体验和综合运用语言。文章结合具体课例从单元的主题确定、内容设置、情景设计等方面探讨如何结合学生生活实际设计小学英语课堂活动,激发学生学习英语的兴趣,使学生能积极主动地参与课堂活动,操练学生的语言知识,培养学生的语言学习技能,落实英语学科的核心素养,切实深化立德育人的总方针。

关键词:小学英语;情景活动设计;生活实际

一、引言

《义务教育英语课程标准(2011年版)》要求英语课程应根据教和学的需求,提供贴近学生、贴近生活、贴近时代的英语学习资源。英语课本是学生学习不可忽视的学习资源之一,在学生英语学习的过程中是不可替代的。因此,如何以课本为蓝本,创设情景,设计课堂活动,是重要的必备技能。此外,语言源于生活,是人们表达和交流思想的工具。语言只有与生活相联系,才能鲜活、真实,才能激起学生学习的欲望,使学生愿学、乐学。但教材上的内容,由于受篇幅的限制,板块的编排,在文本、情节、插图、立意等方面都有一定的局限性,不可能因地制宜地为不同水平的学生提供贴近生活实际的学习活动,也不能提供丰富详细的教学建议。对学生的认知水平把握不到位和挖掘文本能力的参差不齐,造成很多一线教师按部就班地按照教材提供的内容和教学活动进行教学实践,不能充分激发学生的学习兴趣、提高学生的课堂参与度,很难培养学生的语言能力和学习能力。针对这一现状,结合学生实际生活来设计课堂教学活动能真正唤醒学生学习英语的热情,最终培养学生综合运用语言的能力。

二、教材分析

北京版英语三年级上册第六单元,第一课的主要内容学习是 marker、eraser、books、ruler、pencil、fifty 六个目标词语,并能在语境中正确使用。在情景中用"——May I borrow your... please?"向别人借物品,并能够用"——Here you are."进行回复;听懂、会说"I collect... I have fifty..."并能在实际情景中运用,在实际的情景中就借物品和别人进行简单的交流。从学生的生活经验来看:在校园生活中,学生之间会经常借用学习用具,有些学生也有收集物品的兴趣爱好,因此,以本课文为载体,设计贴近生活的课堂活动更能激发学生的学习积极性和利用语言表达自己想法的欲望,成为学生积极参与师生和生生活动的内在驱动。

三、结合生活经验,关联单元主题,整体设计教学活动

核心理念下的英语教学,要求教师改变脱离语境的知识学习教学,将知识学习与技能发展融入主题、语境、语篇、语用;改变碎片化、表层化的教学方式,走向整合、关联、发展的课程设置,引导学生实现对语言的深度学习。教学情景的创设要力求基于主题语境,使情景设计始终围绕一条完整、清晰的主线展开,并在主题语境的引导下因地制宜地设计各项密切联系学生生活、学习经历和社会实践的教学活动;教学活动要紧密围绕单元主线展开,有梯度有层次,由浅入深、由表及里,提升学生的思维能力。为此,笔者将教材内容和学生的校园生活相结合,并围绕主题整体设计教学活动,让学生在真实语境下展开运用语言的学习。本单元的话题是:文具和数字。文具和数字(Stationery & Numbers)属于"人与社会"主题语境中的"人际交往"子语境。本单元文具和数字共设计为 4 个课时内容,4 个课时在单元主题引领下,主题意义层层递进,本单元的交际用语要求学生能够听懂、会读,并能够在情景中恰当使用。本单元呈现了 3 个不同的场景:第一课时 Lesson 19 中呈现的是在手工课上 Lingling 和 Baobao 互借物品的情景;第二课时 Lesson 20 中呈现的是 Yangyang、Guoguo、Lingling 和 Baobao 4 个人在 Yangyang 家中谈论有关收集物品的爱好的情景;第三课时 Lesson 21 中呈现的是 Lala 和

Baobao 等几个人在教室里做数学游戏的情景。本单元的学习,教师要引导学生乐于帮助别人,并对别人的请求作出恰当的反应,同时对别人给予的帮助要学会感恩。笔者将本单元的教学活动依次设计为:围绕校园生活,复习旧知,呈现新知;围绕校园生活,深入文本,挖掘语篇信息;围绕校园生活,创编对话,迁移创新。

四、教学过程

(一)围绕校园生活,复习旧知,呈现新知

本课呈现的是在手工课上 Lingling 和 Baobao 互借物品的情景,如果能够将学生的关注引导到最熟悉最常见的日常文具上来,将知识和生活建立联系,不仅能激活学生已有的知识储备,活跃课堂气氛,为本课的学习做好铺垫,而且能使语言知识生动鲜活起来,唤醒学生主动表达的欲望。因此,在本节课开始,教师通过联系生活实际,向学生借 Marker,在真实的情景中呈现新知。

师生对话如下:

T:I have a white card and I want to write a word on it. But I don't have markers. May I borrow your markers, please?

Ss: Yes. /...

T: Thank you. I'm so happy that you help me. Today, we are going to learn something about how to borrow things politely from others.

在交流过程中,教师利用教具、卡片让学生理解重点词 Marker,让学生对"May I borrow... please?"这一句型有了初步的感知,突出本节课的主题,使学生在真实的语境中,感知、体验目标词语和重点句型的应用,为学生之后的学习奠定了良好的语言基础和情感基础。

(二)围绕校园生活,深入文本,挖掘语言信息

通过呈现语篇主题图,引导学生初步感知语篇。通过口头提问引导学生有目的地观察图片,获取信息,培养学生的读图能力。之后,要求学生带着思考观看完整视频,有目的地捕捉文本信息,在了解文章大意之后,通过提问引导学生聚焦关键信息,培养学生分析图片的能力,锻炼学生的聚合性思维。由于文本内容是主人公在手工课上互相借物的情境,贴近学生的实际生活,学生能够迅速建构文字和语篇含义之间的联系,为之后的语言输出

和综合运用提供了很多优势,但是部分学生对本课重点词"borrow"的发音和含义还是有一定的困惑。真正的语言运用是在有意义的交流中真实发生的,教师要为学生架设走向生活的桥梁,由语言训练提升到语用发展。教师应把生活引入课堂,引导学生得体、真实地表情达意,这样才能从书本学习真正走向生活运用。因此,就"borrow"一词,教师再次向学生呈现了学生生活中,下雨天借雨伞这一真实的情境,帮助学生更深入地理解"borrow"的含义,并利用自然拼读的方式结合手势帮助学生练习发音。

师生对话如下:

T:Look at the picture, it's raining now! Unfortunately, Yangyang goes out without his umbrella. So Yangyang says "May I borrow your umbrella, please?" If you are his best friend, what should you say?

S:Sure, here you are. It's my pleasure to help you.

(三)围绕校园生活,创编对话,迁移创新

创设对话情景,打开学生思维。对话总是发生在一定的情境中,有效的情境能够使听者更好地理解说话者话语中的含义,并在它的引导下生成话轮,同时发掘出语言的内涵。教师依托教材并结合学生的实际生活来创设情景,唤醒学生表示的欲望,通过思考、讨论、交流、合作的方式,呈现思维的过程,培养学生的学习能力和自我认同感。为此,教师创设了制作圣诞节卡片的教学活动,并有目的地发放不同的制作贺卡的道具,以小组为单位,互借工具,最终呈现并介绍自己的作品。

教师讲解如下:

T:Group 135, You have a card like this, please borrow the colorful markers from your partner and color it. E. g. Excuse me, May I borrow your markers, please? And color my card as an example. Group 246, You have a colorful paper with numbers. Please cut it and stick it to your partner's card. You need to borrow a pair of scissors and glue to finish the task. E. g. Excuse me, May I borrow your scissor and glue, please? And cut it and stick it to the card as an example for students. Now, it's your time. The words and sentences can help you when you ask for help. Let's go.

与此同时,教师走到学生中,以口头采访的形式,询问帮助他人和得到别人帮助时的心情,引导学生乐于助人和学会感恩,帮助学生树立正确的人生观和价值观,实现立德树人的目标。

师生对话如下：

When the students borrow things from each other, the teacher can invite them to express how to borrow things politely from each other.

T：Are you happy when you help your classmate?

Ss：Of course.

T：So when you help others, you also feel happy, right?

Ss：Yes.

T：But please be polite when you ask for help from others. How to be polite? We can use...

Ss：Please. Thank you.

五、小结

一切可以激发学生积极性的方法都是好的方法。英语教学中，教师要尽量挖掘教材中可以激发学生兴趣的入手点，小学生受生活环境和自身认知水平的限制，结合生活经验和实际往往最容易引起学生关注，激发学生兴趣，唤起学生的表达欲望，从而在真实的语境中体会、感知、理解、分析、实践和运用语言。由枯燥的被动学习变成有趣的主动尝试，帮助学生完善自己的人格，树立正确的价值观。

（作者系北京市朝阳区实验小学左家庄分校张爱岩）

参考文献

[1]程晓棠,谢诗语. 小学英语课堂教学中的常见问题分析与建议[J]. 中小学外语教学(小学篇),2019(6).

[2]潘开英. 译林版《英语》中年级教材 Fun time 板块的教学设计与思考[J]. 中小学外语教学(小学篇),2019(14).

[3]王蔷. 从综合语言运用能力到英语学科核心素养——高中英语课程新挑战[J]. 英语教师,2015(16).

[4]吴春梅. 基于批判性思维能力培养的小学英语文化教学初探[J]. 小学教学设计(英语),2020(5).

打造美育浸润下的英语教育教学

摘要：独特新颖的课堂设计能吸引学生的注意力，作用于学生审美心理结构，激发他们的审美乐趣，使他们产生强烈的求知欲。精美的板书、优美的音乐和语调、丰富的游戏与活动、新颖的多媒体使用都可以成为美育指导下的美化教学手段。在教学环境中随时随地寻找可能的美育良机，让美育随时随地渗透学生的视野与心田。因此，实践中就要有计划、有目的、有意识地进行美育教学，创设氛围之美。一个轻松有趣的境地能够让小学生愉快地享受学习的过程。尊重儿童发展规律，在教育教学中的美育为学生提供精神、性格、胸襟、学养的营养，让美育浸润教学过程，是教师应该具备的专业修养和文化自觉。

关键词：美育；英语；教学

美，是指能引起人们美感的客观事物的一种共同的本质属性。人类关于美的本质、定义、感觉、形态及审美等方面的认识、判断、应用的过程是美学。美包括生活美和艺术美两个最主要形态，其中生活美又分为自然美和社会美。所谓美育，就是培养学生认识美、爱好美和创造美的能力的教育，美育也叫作审美教育或美感教育。

朱小蔓教授曾说："成长是美丽的，关心成长的德育是美丽的，道德价值观是美丽的，能够欣赏德育是美丽的。"可见教育教学，作为美的一种特殊形态，也具有美的本质属性。英语教育教学中的语言本身就具有无可比拟的美。由于是一门外语，英语的存在就具有神秘的距离美；同时英语历经中世纪的元音推移变迁，如今鲜活存在于世界各国和各民族的文化背景中，因此还充满了异域风情美；英语字母的书写有着线条流畅、挥洒自如的美；英语表达的语调富有抑扬顿挫、舒和铿锵的美。因此,笔者认为英语课堂教学可以丰富为一个发现美、体验美、创造美的美育过程。

一、在美育的精神指导下美化教学设计

独特新颖的课堂设计能吸引学生的注意力,作用于学生的审美心理结构,激发他们的审美乐趣,使他们产生强烈的求知欲。如在教授天气词汇时,教师先播放大自然中的风雨雷电声,在此起彼伏的大自然的声音中,学生就会充满好奇地辨别出不同的天气现象。此刻,教师可以请学生走上讲台,选择对应的精美的气象板书贴图片,从而自然而然地引出相应英语单词的发音。这样教师的教学就能在美育的原则下展开,具有引人入胜的情趣美。

二、在美育的指导下美化教学手段

(一)精美的板书

南朝宋画家宗炳曾在《画山水序》里讲过"应目—会心—畅神"和"悦耳悦目—悦心悦意—悦志悦神"的艺术欣赏心理进程。秀美、工整的板书能给人以赏心悦目的直观印象,同时可以利用色彩或变体字母将重点词语加以突出,通过图画的方式将个别词语生动化。漂亮的书法和新颖夺目的板式设计能够吸引学生的注意,同时提升学生的学习兴趣,丰富学生的学习体验,加深学生的知识印象。

(二)优美的音乐和语调

音乐美可以陶冶人的情操,净化人的心灵;音乐美可以通过情感共鸣提高人的感受力、观察力;音乐美是开发右脑、培养智能、提高素质的有效途径。因此,有了音乐的英语课堂便会充满生机和灵气。同时,优美的英文歌曲和有韵律的童谣的学习不仅能调节课堂气氛,激发学习兴趣,吸引学生的注意力,启迪他们的智慧,而且音乐素养使学生在英语语音、语调上比较容易接受正规训练。如英文歌曲"Old McDonald Had A Farm"令学生仿佛身临其境,在农场里各种小动物的叫声中体验自然纯朴的童趣。英语课堂教学要通过优美的语调,引导学生充分感受作品的美,在朗读中引导学生领会课文的人性美,在体验中引导学生感悟课文的生活美,在理解中饱览文章的景色美,在品味中学习作品的语言美,在诵读中深刻感受作者的人格美。在中

小学英语教学中,如果能让课堂教学的整个过程充满美感,以此吸引学生的注意力,就能够充分调动起学生的积极性,能够大大提高教学的效率。而追求课堂教学艺术的完美,最终目的在于提高课堂教学效益。"感人心者,莫先乎情。"音乐作用于学生的审美心理结构,激活了他们的审美感受,从而产生了撼动心灵的力量。

(三)丰富的游戏与活动

天真可爱是自然而然存在于小学生身上的美。教师要针对小学生活泼好动的天性设计适当游戏,使学生在玩中学,在游戏中思索,从而使他们产生一种快感和愉悦,激发他们的学习热情。此外,每个学生的参与,也充分体现出孩子们纯真的心灵美、团结协作的和谐美、整体美。在游戏中,学习水到渠成;在游戏中,学生一次又一次受到合作竞争中美的熏陶。教师在游戏和活动过程中可以用精美的道具来烘托场面,以达到尽善尽美的效果。

(四)新颖的多媒体手段

正如我们感知到的一样,教育教学中多媒体等相关的现代化教学手段广泛渗透到了课堂中。多媒体的表达更直观、更科学,它的表现能力能达到传统手工教具所不可企及之处。多媒体带来的声、光、色及线条等感官刺激都让人惊叹不已。在课堂中,教师通过动手制作的教学软件来展现一个个生动场景,不但可以深深吸引学生的注意力,使学生更准确更快速地掌握语言,同时也让他们受到画面美、音乐美的陶冶。英语教育教学中,美育润物细无声地浸润其间。

三、让美育浸润在教学环境中

身为教师,应该在教学环境中随时随地寻找可能的美育良机,让美育随时随地渗透学生的心田。这样,实践中就要有计划、有目的、有意识地进行美育教学,创设氛围之美。一个轻松有趣的境地能够让中小学生愉快地享受学习的过程。比如,可以用一些漂亮的图画配上简易的英文说明来装点教室,让学生有意或无意地看或者读,在美丽的图片的吸引下将单词和图片结合起来记忆,这样不仅效果好,而且可以寓教于乐,可促使学生对教学形式和教学内容产生兴趣,以美激情、以美育人,让学生成为美的实践者。再如,轻松欢快的音乐活动可以开发学生的想象力,可以强化学生的创造力,可以提升学生的审美情趣。小学英语课尤其要引进音乐元素,老师应该将课本内容编写成歌曲、编写成小诗、编写成韵文,让学生边唱边跳、边学边乐、边说边走、边玩边动,在愉悦欢快的音乐气氛中掌握课本内容。

四、在美育的精神指导下做有风采的教育者

所谓美育,就是通过现实美和艺术美打动学生的情感,让学生心灵深处受到美的感染,从而使其具有正确的审美观念,具有感受美、鉴赏美、创造美和表现美的能力。关于形象美的感染力,墨子认为:"人性如素丝——染于苍则苍,染于黄则黄。"由于学生们具有一种普遍的"向师性"心理倾向,他们凭借审美直觉感受教师的语言,包括口头语言和身体语言等,以及风格、策略等构成的形式美和形象美,然后会不自觉地模仿教师的一言一行。如果教师的言行是美好而富有感染力的,那么学生耳濡目染,便会终身受益。教师具有的良好的人格魅力、风采气度,让这种无声胜有声的教育潜移默化地真正影响学生的气质和性格修养,让自己成为学生学习美的典范。

教师在美化个人形象、展示个人魅力的同时,还必须美化教学语言,在英语教育教学中呈现语言美。英语语言具有韵律美、动感美,而教师就是最直接的实践者。在整个教学过程中,教师力求运用纯正、优美、地道、流畅的语言让学生充分感受其韵律美和节奏感,从而提升学习的浓厚兴趣。此外,在教学中教师应运用多变的语调、跳跃的语速,配合丰富的表情和恰当的动作来发出指令、设置疑问和回答理由,尽显语言的感性美,进而带动学生对这种美的语言的探求和学习。仪表美从审美上来说,要求教师着装要整洁、大方,使学生赏心悦目,得到一种美的享受,也符合教师的职业要求。教师不但以自身的知识教诲着学生,还应当以高雅的仪态和人格影响着学生。教师亲切自信的目光、期待而专注的眼神,可以使学生产生亲切感、安全感、信赖感,能够极大地缩短师生之间的距离。教师热情的微笑、友善慈爱的面容可以使学生获得最直观、最形象、最真切的感受;潇洒得体的手势,无时不在感染着学生,可以使学生加深对知识点的理解,好的画面将长久地珍藏于学生的记忆中。

"兴于诗,立于礼,成于乐。"中华民族自古以来就重视美育对人和社会发展的重要意义。而少年强则国强,关于儿童教育和发展规律,明代哲学家王阳明有言:"大抵童子之情,乐嬉游而惮拘检。如草木之始萌芽,舒畅之则条达,摧挠之则衰萎。今教童子,必使其趋向鼓舞,中心喜悦,则其进自不能

已。譬之时雨春风,沾被卉木,莫不萌动发越,自然日长月化;若冰霜剥落,则生意萧索,日就枯槁矣。"尊重儿童的成长规律,让教育教学中的美育为学生提供精神、性格、胸襟、学养的营养,让美育浸润教学过程,是身为教师应该具备的专业修养和文化自觉。

（作者系北京市朝阳区实验小学左家庄分校王雨蒙）

参考文献

[1]李铁铮,李胜利.中小学美育实践[M].北京:人民交通出版社,2009.

[2]高尚学.美育生态壁龛:美育生态现状分析及对策研究[J].社会科学家,2013(7).

[3]彭锋,庄子健.美育[M].长沙:湖南文艺出版社,2017.

英语作业应"有声有色"

摘要：作业是课堂教学中极为有效的辅助手段，但也是教学中很薄弱的一个环节。因此英语教师在布置作业时，应着力提高学生学习英语的兴趣，培养学生的观察、记忆、思维、想象和创新意识等多种能力，让学生从被动学习的困境中走出来，主动完成作业，感受作业所带来的成功与喜悦，在富有个性的学习中快乐地成长。同时，对学生的作业进行科学全面的评价，是对学生学习的一种激励教育。因而，在评价方式上，应淡化单一的、总结性的评价，追求艺术性评价、多样性奖励，从而使学生形成乐于做作业、期待教师评价的良性循环。

关键词：小学英语；课外作业；趣味性

英语作业是课堂教学的延续，也是课堂教学极为有效的辅助手段，但却是教学中很薄弱的一个环节。当前小学英语作业在布置上存在两个误区：一是作业随意性较大，缺乏系统性，而且仍然沿袭"一背""二抄""三练习"的传统模式，很少考虑学生的天性；二是在"减负"呼声的影响下，有的小学英语教师不布置作业。新课程标准指导下的课堂教学方式已发生了深刻的变革，课外作业作为教学流程的一个重要环节，如果仍然因循守旧、不锐意革新，不但有悖于新课程的宗旨，更对学生的成长不利。

一、英语作业完成现状

最近，笔者发现所布置的作业总是收不齐。于是把所布置的作业重新检查了一遍，发现不但作业量不大，而且有些还是"游戏型"作业，按照常规做法，用很少的时间就能完成，类似情况集中发生在一部分学生身上。带着对这一现象的思考，笔者重点关注了在作业方面出现问题的学生，并对这一现象的普遍性做了一些调查研究。通过分析比较,笔者发现问题还是出在课外作业身上。

二、英语作业应致力创新

笔者对小学高年级学生的英语作业情况进行了调查,发现乐于完成作业的学生占25%,视作业为沉重负担的学生占70%,另有5%的学生不能完成作业;双休日完不成作业的学生比例更高。通过问卷调查及访谈后笔者发现,问题的症结是教师布置的作业存在许多问题,如作业目的单一、内容空洞乏味、形式单调等。这些问题的本质都背离了儿童的天性,使他们感到厌倦,从而产生抵触情绪,进而导致作业完成度低。

新课标要求教师要在教学、教法上创新,那么与之相应的,在作业布置方面也要有新意,要做到既适合学生的年龄特点,又提高学生的学习能力、认知水平。新形势下小学英语课外作业的布置要体现特色、有所创新,不但要有针对性、实效性,在形式和内容上还要有趣味性、新颖性。

三、英语作业应当"有声有色"

任务型的课堂教学要辅以趣味性的课外作业,但作业的布置应注意小学生的年龄特点,注意与生活实际相联系,更要注意不加重学生的学习负担。因此,英语教师在课后作业的设计上,要考虑为学生创设一个他们喜欢又适合完成作业的氛围,让他们都能够积极主动地学习英语、学好英语。

(一)依据天性,寓教于乐

小学生自控力较差,不喜欢枯燥、单调。他们更乐于去探索,并喜欢不断地更换玩儿法。教师要从他们"喜新厌旧"的特点出发,布置一些让他们能在不断变化中完成,同时又能收到一定复习效果的作业。比如,画画是小学生最喜欢的活动之一,把英语和绘画结合起来,可以让学生在玩中学、在学中玩。学完了颜色的单词后,找一些与颜色有关的图片,比如一片草地、一片天空、一片沙漠等,让学生与家长讨论这些图片的颜色,再用学过的单词填在空白处。再如学完人体部位的有关单词后,让学生画一幅自画像,并在上面标明相关单词,然后在课堂上引导他们向同学介绍自己的画像,如"This is my mouth; my mouth can speak and eat. And these are my eyes, eyes can look."虽然画像千姿百态,但学生的绘画天性展现无遗,大家在互相笑指别人画像的同时,也记住了那些学过的知识。

(二)动手动口,自制自学

小学生虽然好动,但是属于玩乐型盲动。不过他们都有一种内在的需求感,有表现自我的愿望。可以以此为出发点,调动学生的主观能动性,借助他们好动的特点,辅以适当的指导,引导其在完成作业的同时,创造自己的"成果"。

1. 小小比赛,效果极佳

在布置写字母作业时,教师可以要求学生设计字母,让他们展开想象,比一比看谁能把字母设计得更漂亮、更便于记忆,并把它画出来。这个作业可以贯穿字母教学的全过程。教师要及时评价和展示学生的作品,成功的体验会给学生带来极大的满足和无形的鼓励,学生学习的积极性更高了。

2. 录音作业,意外发现小歌手

一定的语感和良好的语音语调基础是小学英语课程的目的之一。以往单纯地听录音已经不能引起学生的兴趣了,而且,大部分学生也只是应付作业而已。因此,笔者把"听别人说"改成了"自己说"。要求学生为自己录音,比一比谁的发音更标准。学生们回到课堂上分辨哪个录音是哪一个人的,他说得好不好。时间不久,大家都爱上了这样的作业,有的家长反映,学生录音前都要反复读,读得满意了,才开始录音。录完后自己还要把关,如果觉得不够好,还必须重录。学生作业由被动变为主动,真正成为学习的主人,学习的自主性增强了。更有趣的是,有一名小女生每次录完作业内容后,都会给大家唱一首英文歌曲,每次她的录音在班上播放时都特别受欢迎。受这名学生的启发,笔者计划在以后的录音作业中要求学生用英语作自我介绍,结束时可以用英语讲一个小故事或者唱一首英文歌。这个活动不仅调动了学生录音的积极性,更调动起了孩子们积极学习并喜爱英语的热情。

(三)换位锻炼,教学相长

师生换位,让学生备课上讲台。这种方法在中学或者大学中经常可以看到。学生通过备课熟悉了课本内容,通过上讲台理顺了要学习的知识点,也体会到了老师的辛苦,可以激发他们的上进心。这种方法用在中学生或大学生的身上效果很好,对于小学生是否适用呢?笔者尝试着布置过一个作业:让孩子们根据"playground"一课的情景,自己设计思路,自己找素材,自己动手做课件,并在课堂上讲授一次,当一次小老师。结果,学生们还真给老师上了一课! 全班30个学生,用20多种方法把playground诠释了一遍,而且绘声绘色,面面俱到,让老师也学会了很多新鲜的授课方式。最令老师惊奇的是,本以为制作课件是个难题,不会有什么亮点。可学生们的作品着实令老师感叹,他们的PPT不但有花边修饰、有个性小图,有的还有声音,有一名学生居然还设置了动态效果! 当然,这里面必定有家长的帮助,可是学生们能下功夫认真对待作业,并从中学到很多新鲜的东西,老师传道、授业、解惑的目的就达到了。

四、综合运用多种积极的评价方式

好孩子是夸出来的。这话有一定的道理,因为小学生刚刚接触社会,其世界观、人生观、道德观等都还没有形成,在他们的眼里世界是美好的,他们追求进步,希望能获取更多知识,他们渴望从家长、朋友、教师那里得到肯定,这也正是孩子们得以成长和进步的动力。教师拿到学生完成的作业后,不应该从挑毛病、找错误的角度去评阅,而应当从发现亮点、找闪光点的角度去发现孩子的优点。从而进一步赞扬和鼓励他们,使他们找到成就感,可以激发他们追求更好的愿望。所以,评价是一门艺术,老师应该积极运用它。

口头表扬只是鼓励进步的一种方法,奖励的方式还有很多,贴彩纸、盖小图章、集stick等都不失为好的奖励方式。这些小东西都是孩子们平时喜欢收集或者购买的,把它们引入作业评价,可以在学生中间形成一种无形的竞争,从而使作业的质量大大提高。

总之,小学阶段的英语教学的目的在于激发学生的英语学习兴趣,培养学生学习英语的积极态度,使他们初步建立学习英语的自信心。因此,教师应该真正从学生出发,从趣味性出发,更注重教学的实践性,让学生"乐"中求知、"动"中求知,使英语作业真正成为课堂教学活动的有效延伸。

(作者系北京市朝阳区实验小学左家庄分校仝世谒)

参考文献

[1]袁建军.小学英语课外作业的几种形式[J].云南教育(小学教师),2007(5):22.

[2]傅小平,邹宁.小学英语作业的布置与评价艺术[J].湖南第一师范学报,2006(3):56－59.

[3]张晖.浅谈新课程理念下小学英语作业的设计[J].中小学教材教学,2006(9):84－87.

[4]陈敏.小学英语课外作业的趣味性[J].云南教育,2005(11):23－24.

在探究活动中提升学生的审美能力

摘要：在进行"传统节日知多少"的探究学习活动中，学生经历了调查和收集数据信息、筛选和组织信息的过程，最终形成学习成果并进行了展示。在活动过程中，学生制作调查问卷、分析数据结果，需要对所研究的传统节日深入了解和研究。除了数据报告外，学生也了解和学习到了与传统节日相关的风俗，制作了各种手工作品，从而培养和提升了学生的审美能力。

关键词：探究活动；收集信息；审美能力

一、背景介绍

探究式教学强调学生通过观察、提出问题、浏览书籍和其他信息资源发现已知结论，用工具收集、分析、解释数据，提出解答、解释和预测，进行结果交流等。而美育则是指培养学生认识美、爱好美和创造美的能力的教育，可以提高学生的审美趣味，发展学生的道德情操，丰富知识，发展智力。因此，教师在学科教学的同时，要注重渗透美育，潜移默化地提升学生的审美能力。

二、探究活动的选择

（一）内容的选择

三年级的数学教材编排了年月日的认识，涉及历法相关知识，教师借助这一知识点，结合传统文化教育，运用探究学习方式，引导学生以"传统节日知多少"为主题进行了自主探究式学习。内容涉及历法和年月日、传统节日相关的习俗知识、数据的调查与收集、成果汇报与展示等。学生需要在生活中寻找与数学有关的内容，发现传统节日的魅力，感受生活与数学的联系，感受生活中的美。

（二）学生能力分析

三年级学生具备了阅读和简单收集信息、数据的知识基础,掌握了运用公历记录时间的方法。学生的年龄特点决定了他们面对新的知识和问题时会产生浓厚的兴趣,尤其是这个问题是他们自己提出或者伙伴发现的,他们会非常乐于研究和探索。另外,三年级学生已经具备了一定的生活经验,结合已有知识,可以完成一份属于自己的数学主题成果汇报。在探究活动中,学生可以同时感受传统文化的魅力,运用数字、图形美化生活,感受生活中的美。

三、探究活动设计

（一）探究活动目标

通过对"传统节日知多少"这个主题知识的信息收集,学生了解关于一个或者多个传统节日的基本知识和习俗;

通过对"传统节日知多少"这个主题活动的学习,学生掌握数学年月日的相关知识,同时初步了解中国历法和传统节日都是用中国历法记录日期的这一知识点;

通过"传统节日知多少"主题成果汇报,学生动手制作传统节日相关的食品、物品等,感悟数学与生活的联系,发现生活中的美。

（二）探究活动过程

1. 环节一:传统节日知多少

抛出问题,引导学生交流。小组会上学生了解了什么是传统节日,自己提出想要了解的问题。学生需要通过自己的学习,至少了解一个传统节日的由来和习俗。

根据问题,进行梳理,学生对以下问题进行自主学习:

什么是传统节日?

这个节日的由来或者历史是什么样的?

传统节日的含义、目的、形式有哪些?（古人如何过这个节?）

学生通过网络和书籍,找到想要研究的问题,检索、筛选研究所需的相关信息。根据主要问题和细分问题收集资料,分析信息,运用自主学习的方法和途径,为下一阶段探究活动奠定基础。

2. 环节二:传统节日中日期的秘密

首先,学生了解习俗和习俗的意义。

其次,引导学生将传统节日的知识与数学建立联系,在传统节日中挖掘数学知识;重点引导学生发现日期中的秘密。

最后,思考关于这些习俗可以用什么形式汇报。

3. 环节三:传统节日学习成果汇报

学生动手制作与传统节日相关的物品或者食品,作为践行传统节日的一种汇报和展示。

在小组交流研讨中,学生开动脑筋,借助已有的知识联系传统节日,寻找与传统节日相关的古诗、故事、对联等,多学科之间建立联系。如在年画中找数学图形、在月亮的变化中找规律,学习天干地支等中国传统历法的相关知识。

4. 学习效果评价

通过"传统节日知多少"的探究活动,学生根据不同环节的问题,展开自主学习,发现和解决问题。学生在问题的引导下,在自身兴趣点的驱动下,形成属于自己的研究主题,并展开研究和学习。教师极大地给予了学生选择的自由,如内容的选择、学习方式的选择、学习深度的选择、呈现形式的选择。

首先,在"传统节日知多少"的第一环节活动中,学生通过网络查阅资料、阅读相关书籍、向长辈访谈等多种形式的学习,了解到关于传统节日的知识,并且就某一个传统节日的学习不断进行深入了解。如端午节、清明节的由来,学生找到了多个版本的说法。在收集、阅读资料的时候,学生自觉进行学习和思考,自主寻求帮助,解决问题,选取最具说服力或者自己最喜欢的故事分享给大家,从而学会选择资料、分析信息。再如重阳节的故事,学生不但了解到了重阳节的传统风俗,还了解到了重阳节"尊老、敬老"的新时代新内涵。在信息收集的过程中不断延伸对知识的了解,不仅仅局限于回答某一具体问题,学生还制作了相关的传统物品,他们通过网络视频学习编织端午节的五彩绳,制作重阳节赏菊的手工菊花,动手学习包饺子,把端午节赛龙舟的比赛成绩动手制作成统计图。学生根据研究内容汇报学习成果,有的学生展示了有关某一传统节日的诗歌,有的学生动手制作了手工菊花、五彩绳等物品。学生感受到的不仅仅是传统文化的传承,更是生活中的美,体会到了劳动人民的智慧,以及他们对美好生活的追求和向往。

其次,在寻找传统节日的这一活动中,学生结合生活经验和查阅到的资料,了解到生活中很多跟节日相关的数学知识。比如,学生发现春节的福字是写在正方形的纸上,可以倒着贴在门上;对联是长方形的,而且是对称着贴在门框上,中间是横批,只有对称贴才漂亮;再如,学生发现每年端午节赛龙舟,这龙舟本身就是艺术品,并且为了取得更好的竞技成绩,龙舟上的人数和人员位置都是精心设计的。

四、探究活动的回顾与反思

"传统节日知多少"这一探究活动,是以问题引导学生进行自主学习的过程。学生完成整个探究活动需要大量的信息和较强的信息分析能力作支撑,学生借助网络、联系生活实际,不仅发现生活中方方面面都存在数学知识,同时也在寻找中发现了生活中的美,体会和感受到了图形变化给生活带来的不同,数字不仅可以用来计数,同时在活动中可以巧妙地加以利用。

元宵节的花灯,是光和美的盛宴;端午节的粽子、五彩绳、赛龙舟是图形、色彩、造型的美;重阳节登山赏菊是追求淳朴自然的美。学生们在了解、学习和认识这些传统节日的过程中,体验到了生活中的各种美好事物,感受到了生活中的美。

(作者系北京市朝阳区实验小学左家庄分校崔立华)

借助实践活动提高学生的数学创新和应用意识

摘要:随着时代的发展与进步,教育也在不断改革与创新。新课程标准指出:"为了适应时代发展对人才培养的需要,数学课程还要特别注重发展学生的应用意识和创新意识。"创新意识与应用意识是学生核心素养的重中之重。

关键词:实践活动;数学课程;应用意识;创新意识

一、数学中的创新和应用

(一)培养学生创新和应用意识的意义

从字面上不难理解,培养学生的创新和应用意识就是将数学知识应用于实际生活中,来解决实际的生活问题;能在实际生活中看到无处不在的数学。数学与生活本就是密不可分的,数学教材中情景引入来源于生活,解决生活中的实际问题,还有每一册教材中至少有一个综合与实践的学习活动,将我们的数学课堂延伸到生活中,拓展到课堂外,让学生开展收集数据、借助所学知识和生活经验查阅资料、独立思考或与他人合作交流等多种多样的活动。感悟数学知识之间、数学与实际生活之间及与其他学科的联系,激发学生学习数学的兴趣,加深学生对所学数学内容的理解,感受数学的魅力。

(二)在实践活动中点燃创新和应用的火花

应用意识其实和创新意识密不可分、相互依存,将实际问题抽象为数学问题并用数学思维方法解决,这本身就是一种创新意识。对于创新意识课标没有给出具体的要求,但创新意识的培养存在于每节数学课中,发现问题并提出问题、独立思考、归纳概括、总结规律都是对创新意识的培养。比如

"综合与实践"课程,在如今的教学中有着重要的地位,是小学数学新课程教材改革的一大特点,承载了传播新课程理念的重任。世界各国的数学课程也极其关注综合与实践课程的发展与开展,而世界各国也不断加强对这一部分的研究,开展形式多样的动手操作活动,不拘泥于传统的单一的讲授,而更多是培养学生的创新意识,提高解决问题的能力和动手操作能力。

此外,创新意识、应用意识能力不仅是在数学学科,在社会各个领域都是发展的基本要素。所以,在小学阶段更应持之以恒地培养学生的创新意识和应用意识。绝不能走马观花,狗熊掰棒。

二、借助实践活动提高学生应用与创新的能力

(一)保证教学实践活动生活化

数字编码在生活中的运用十分广泛、随处可见,对于学生来说虽然并不陌生,但却并不真正熟悉,而这些数字编码包含的信息非常丰富,对三年级的学生是有一定难度的。数字编码的很多知识都是已定知识,而课堂上如果只采用讲授的方式传递,那么一节课能涉猎的东西非常有限,学生虽易获得知识,但缺乏数学的思维,这种单一告知不是创新,创新是鼓励帮助学生不断地努力去发现,借助小组合作,提出疑问并寻求老师帮助,并能协助别人解决问题,这个学习的过程中就蕴含着创造。

(二)保证教学过程真实自主化

1. 问题引领学生自主探究

笔者采用了课内与课外结合的方式,设计了一系列多种多样的活动,让学生们提前感受生活中的数字编码,收集数据并用自己喜欢的方式展示,激发了学生学习的兴趣和积极性。本节课要解决的是数学中非常规性的问题,更强调学生的自主探索、平等交流体验,理解身份证编号的信息知识内容,从中感悟数学思想。因此学生在多次经历观察、比较、分析的过程中,发现数字编码的规律与特点,并逐步探索出数字编码的简单方法。

课前学生已通过各种方式调查了解了身份证号码的信息含义,教师设计了一系列活动作业,让学生们提前感受生活中的数字编码,收集数据用自己喜欢的方式展示,如画数学画等,激发了学生学习的兴趣和积极性。

2. 问题引领学生互动交流

课堂引入后,在正式探索身份证编号蕴含的信息时,通过小组交流探

讨,学生们发现了自己与他人所了解的信息的异同,在此基础上进行全班交流,让学生介绍所知道的信息。把展示说话的机会留给学生,在此过程中大多数学生都发现中间的8位数字表示出生日期,在此基础上教师进行补充,介绍身份证号码的结构以及蕴含的其他较难理解的信息。

在一次次的交流与学习中,学生逐步掌握编码的方法,为后续自主创编编码提供支撑。通过生活中更多数字编码的案例学习,如电话号码、匪警电话、深圳首创的路灯杆编号报警的方法,以及我们在超市中常见的价钱编码等实例,让学生进一步感悟数字编码的"便利",感受数学在生活中的广泛应用,感受学习数学的价值,感受数字的独特魅力——这些编码可长可短,蕴含着丰富的含义,它的使用给人们的生活提供了方便。

3. 问题引领学生深入探索

学生看到班级图书借阅的统计上满满地记录了学生的借阅信息,笔者提出问题:"学习了今天的数字编码,你们有什么好的想法吗?"看到这样烦琐的文字,学生们立刻就想着要去创编编码,所以创新从来不是告知,而是需要自己去体会去发现的。创新就是自主地把知识联结起来,把生活中的烦琐信息通过自己的思考和掌握的知识转换为简洁明了的数字编码,这就是创新的行为。

活动任务"给学校的每一位学生设计一个借书编号"将学生的目光再一次引向现实生活,将学生所掌握的知识应用于解决简单的实际问题,凸显数学知识的应用价值,使学生真切地感受到"数学来源于生活,服务于生活",所以更应该给予学生亲身体会、经历解决实际问题的机会。

学生们在这一活动阶段最热情,每个人都十分投入,迫不及待地去创造,但是创造的过程也不是简单的,仅仅有了要创造的意识还不够。那么学生会创造吗,笔者也很担忧,但是如果有过多的干涉帮扶,那不就成了模仿而非创造了? 所以笔者管住了自己,勇于放手,只是在学生遇到困惑时再提出启发性的问题进而引导。例如,教师:"只要一看到这个号码,就能知道你是哪个年级哪个班级的同学。想一想可以包含哪些基本信息?"学生答道:"班级号,代表学生的学生号。"教师再追问:"那今年你是三年级二班的学生,明年呢? 这个借书的编号还能用吗?"所有的思考和发现都来自学生,教师通过一个个追问引导学生自己进行思考,把发现和创造的空间留给学生自己,孩子们探讨并尝试创造的过程远比知识本身的学习要有趣得多,快乐得多。

（三）保证教师自身的创新与应用

不管是在课程中,还是在课前,学生们对这次的活动内容都充满兴趣,积极参与,学生的主体作用得到很好发挥,学生在自主研究与小组合作探讨的过程中获取数学的活动经验,每个人都平等交流,参与其中,这样的课堂氛围学生们非常感兴趣。就像有的学生说:"这节课很有趣,原来生活中的这些编码有着这么多的信息!"这样的课堂培养了学生用数学的视角观察生活的思维、感受数学与生活的联系,更给学生提供了应用和创新的平台。

笔者以前对这样的活动课程比较抵触,感觉不好把握,而组织活动也没有经验。经过这次课程,让笔者不仅对实践活动课程有了全新的了解,更决定在今后的每节数学课都要引导学生发现并提出问题,进而分享自己的解决办法,要多放手,学生的创造力才不会被一堂堂枯燥的数学课扼杀。作为教师,该用怎样的教学方式来帮助学生成长、提升学生的创新意识,是要不断去研究和思考的。

（作者系北京市朝阳区实验小学左家庄分校李亚楠）

参考文献

李新阶.浅析小学数学教学中应用能力的培养[J].课程教育研究,2018(40):146.

在小学语文教学中运用电子媒介改变刻板印象促进个性理解的几点尝试

摘要：众所周知，教材是学生学习的主要依据，对语文学科来说，由于纸质教材的篇幅有限，因此很多课文只能是名著名篇的节选，虽不失精彩但常常有失完整，加之小学生生活阅历有限、思维水平仍有待提高，因此语文教学中如何防止学生对课文中的人物、事件产生刻板印象就变得非常重要。作为小学语文教师，在课堂教学中要有意识地引入网络、电视、广播、书籍等各种媒介，围绕课文内容引导学生自主收集、整理相关信息，拓宽学生的视野，打破因课文局限性可能造成的刻板印象，促进学生个性化阅读能力的形成。

关键词：阅读教学；刻板印象；媒介；个性阅读

一、语文教学中的刻板印象问题

社会心理学家指出，"刻板印象"是人类看待事物时由于社会环境、人际传播和影响所自然形成的一种统一认识或偏见。对作品的理解形成刻板印象，不利于学生创新思维的培养，不利于学生形成个性化的阅读能力与阅读风格。

传统课堂教学主要关注教师、学生、教材三个构成要素，在这三种构成要素影响下，教师往往只是刻板地教授教材内容，学生只是被动地接受。尤其对小学语文的阅读教学，这种教学所带来的不良后果主要表现为对文本内容理解的不深入，流于表面的片面理解。

比如学习写景一类的文章，学生在谈及感受时，多数以空洞、缺乏实感的美丽为中心词；而学习人物事件时，又多限制在泛泛的爱心"大帽子"下，缺乏真实的内心体验。这样，很容易使学生对文章中的形象理解观念化、刻板化，导致学生不能真正理解文章含义，使得文章中的"形象"单一，失去应有的鲜活,学生的情感、思维等能力很难得到发展,阅读水平自然是提高有限。

作为一名小学语文教师,笔者在课堂教学中有意识地引入网络、电视、广播、书籍等各种媒介,围绕课文内容引导学生自主收集、整理相关信息,拓宽学生的视野,打破因课文局限性可能造成的刻板印象,促进了学生个性化阅读能力的形成。学生是教学的主体,教材只是教学资源的一部分,教师要充分开发利用多种教学资源以支持学生的学习,借助建构主义的教学理论,教师要创设一定的情景,让学生主动获取和发现知识,形成自己的观点和认识,相对于语文阅读教学,这种理论更有其指导价值。要提高小学生的阅读水平,首先要打破那种传统的刻板教学方式,利用多种方式呈现教学资源创设情景,让学生能够真实体验,从而促进学生的个性化阅读。

二、运用媒介解决刻板印象问题的尝试

笔者在教学中尝试运用教学媒体,动静结合、声形并茂,有效运用各类媒介拓展学生学习内容,提高学生学习兴趣,以此促进学生个性阅读能力的发展。

(一)引入媒介,丰富形象内涵,激发阅读兴趣

在教学《富饶的西沙群岛》的课文时,让学生自主收集有关西沙群岛的资料,并以自己喜欢的形式呈现,学生呈现的形式有三种。

第一,优美的文字摘抄。学生在幻灯片上将摘抄的文字根据意思进行了艺术化处理,这些语句有:西沙群岛的海水在阳光的照射下,海面上波光粼粼,如像亿万颗彩色的珠子在滚动,海底里有山崖、峡谷,海参在蠕动,还有大龙虾在爬行……

第二,精美的海底图片。五光十色的海水、嬉戏的鱼群、动着的海参、披甲的龙虾、美丽的珊瑚;海岛上有葱茏的树木、茫茫的沙滩、丰富的水产和矿藏,真是风光如画。

第三,切题的风景视频。学生自己制作了幻灯片,将西沙群岛的相关内容同视频网站链接在一起,使其他同学可以边看画面,边听其中之解说,深深地陶醉于西沙群岛五彩缤纷、千姿万态的神奇世界中,产生新奇感。

这是在课前的资料收集这个教学环节的做法,从上课的效果看,这样做极大地激发了学生学习的兴趣,在本节课的教学中体现了声画并茂、视听结合、动静相宜等特点。通过使用学生自己喜欢的媒介,创设教学所需的情

景,使学生在情绪上受到感染、情感上产生共鸣,从而使他们轻松自如地集中注意力,积极主动地参与学习。以学生为主体,激发学生用自己喜欢的媒介形式主动、自主地获取知识,也大大丰富了课文语言所描述的形象内容在学生头脑中的含义。

(二)动画处理,突破难点

小学语文课本中有许多插图,可帮助学生理解课文内容,但由于篇幅有限,立体感不强,这时教师就可以充分发挥多媒体的作用,化静为动,变抽象为具体,使学生易于接受和理解。《燕子》第三段中写道:"还有几只横掠湖面,剪尾式翼尖偶尔沾了一下水面,那小圆晕便一圈圈地荡漾开去。"学生很难理解"横掠"的意思,于是笔者适时地播放了燕子"横掠"飞行的视频课件,很好地展现了燕子飞行的动态,降低了学生理解的难度,同时也刺激了学生的多种感官,有效地突破了教学的难点。

再如《鸟的天堂》是一篇借景抒情的文章。文章讲的是作者和他的朋友两次经过"鸟的天堂"时的所见所闻,表达了作者对大自然生命力的热爱和赞美。本课是讲读课文,怎样指导学生了解榕树的特点,既是教学重点,又是学生学习的难点。为了在课堂教学中突出重点、突破难点,笔者设计了一段录像、一段 Flash 动画和幻灯片的课件,具体做法如下。

利用"须根生长"的动画突出教学重点:了解榕树的特点。教学中当学生通过自学、讨论体会了榕树很大后,教师适时地播放第一段动画:榕树的枝干向下长出许多"气根",这些"气根"多数直达地面,扎入土中,直立的气根活像树干,构成了"独木成林"的奇异景象。学生在学习感悟、想象语言文字的基础上,看到这样的画面,直观了解了榕树的生长特点,加上优美的音乐使学生进入了一种优美的情景。接着教师再呈现出幻灯片(幻灯片中图片的背景部分是一幅大榕树的远景图,文字部分是描写大榕树"大"的句子),指导学生有感情地朗读课文,学生就自然而然入情入境了。

这样,让学生的多种感官参与学习,不仅使学生在观察和实践中发现和领会词语含义,更使学生理解了课文内容。幻灯片的构图可以是课文原有插图由静变动,也可以根据课文内容设计新的图片,将教学内容具体化、直观化、形象化,从而使学生在轻松、愉快中启发思维,接受知识。

三、反思与讨论

运用电子媒介以改变刻板教学促进个性化阅读,笔者只是迈出了第一步,作了一些尝试,遇到的问题还有很多,也亟待解决,但总结起来需要特别注意以下两个方面。

第一,不能滥用媒介。不能为媒介而媒介,忽视媒介对人的负面作用。语文教学实践告诉我们,让学生领悟语言艺术的魅力,激发学生的灵感不能仅靠教学技巧和现代化教学"武器",更有赖于教师牵引学生的灵魂潜行于字里行间,流连于墨韵书香,这样,学生才会获得真实的阅读,获得启迪智慧、滋补精神的营养。在阅读教学中,切忌用电脑的播放代替教师的讲解、启发,用电脑的"人机交互"代替师生之间情感交流的"人际对话";不能只强调课堂容量,而忽视学生的思维过程规律。

第二,不能以多媒体演示取代文本阅读。语文学习的特点在于让学生通过语言文字生动形象的描述激发自身的形象思维——想象。阅读是学生的个性化行为,"一千个读者就有一千个哈姆雷特",因此语言的魅力是任何影像都无法取代的。

在教学实践中,媒介运用得当可以使语文教学如虎添翼、锦上添花,使用不当则会事与愿违。这就需要一线教师合理地综合利用各种媒介资源,在运用时把握好尺度,找准媒介辅助语文教学的最佳切入点,充分发挥多媒体的优势,发展学生的个性阅读,从而提高教学效果。

(作者系北京市朝阳区实验小学左家庄分校杨艳)

参考文献

戴元光,金冠军.传播学通论[M].上海:上海交通大学出版社,2003.

运用探究式教学和画图策略
提升学生解决问题的能力

摘要：教师在教学中运用探究式教学，引导学生通过自己的观察、思考等途径主动探究，巧用画图策略，将复杂的问题简单化、将抽象的问题直观化；再通过对比观察，自行发现并掌握相应结论，帮助学生深化对知识的理解和运用，从而更好地达到教学目标。因此，在教学中要重点为学生设计探究情景，营造探究氛围，拓宽探究思路。

关键词：探究式教学；画图能力；学习兴趣

在低年级的数学教学中，由于学生缺少学习方法、生活经验不足、想象能力有限，对数学问题的认知程度较低，常会出现思路不清、学习参与度不高等问题。要想提升学生的自主学习能力，教师必须要关注学生的自主观察、思考、探究等方面的能力。因此在教学中要传授给学生学习方法，提升学习兴趣，引导学生自行探究并掌握相应的结论，才能有助于深化对知识的理解与运用。将探究式教学和画图策略结合在一起运用到课堂中，既可以提升学生解决问题的能力，帮助学生思维外化，同时也能激发学生学习的积极性，提升学生的自主探究能力。

一、指导思想和理论依据

（一）理论依据

"探究式教学"是以学生自主探究为主的一种教学方式，指学生在学习时，教师只提供问题和事例等启发诱导，让学生以教材和生活实际为参考对象，通过自己的观察、思考等途径去主动探究，自行发现并掌握相应结论，深化对知识的理解和运用，从而更好地达到教学目标。所以，教师要为学生设计探究情景，营造探究氛围，拓宽探究思路。

最早提出在教学中使用探究方法的是杜威。他认为,科学教育不仅仅是要让学生学习大量的知识,更重要的是要学习科学研究的过程或方法。1950年到1960年,探究作为一种教学方法的合理性变得越来越明确。2004年新一轮国家基础教育课程改革的一个重要而具体的目标,就是要改变至今仍普遍存在的学生被动接受、大运动量反复操练的学习方式,倡导学生主动参与的探究式学习。

（二）主要采用的关键策略

1. 激发学生兴趣

教育家赫尔巴特曾经说过:"教育工作如果不能引起各方面的兴趣,讲授教材就易进入睡眠状态。"兴趣是最好的老师,只有学生对所学内容产生兴趣,才会去积极思考、发挥其主动性。因此笔者认为要想调动学生学习的积极性,首先要有生动的导入情景,把学生的注意力转移到即将学习的知识上,利用学生的好奇心理,适当设置悬念,让学生快速对所学知识产生兴趣。《数学课程标准》中提出:"素材的选择应当充分考虑学生的认知水平和活动经验。"由于低年级学生所感知的生活面较窄,从他们熟悉的、有趣的事物中选取学习素材更容易激发他们的学习兴趣,也易于学生理解相关数学知识,体会数学的作用。因此在培养学生解决问题的能力时,要选择大量的生活现实素材,让学生感受到数学和生活的紧密联系,会让学生更愿意参与学习。

2. 画图策略

《义务教育数学课程标准（2022年版）》指出:"要使学生面对实际问题时,能主动尝试着从数学的角度运用所学知识和方法寻求解决问题的策略。"画图策略是将画图作为寻找数量之间关系的一种方法,通过画图帮助学生把抽象问题具体化、直观化,帮助学生正确理解题意、分析两者之间的数量关系,从而找到解决问题的突破口。因此从低年级就开始培养学生的画图意识是非常必要的,在解决不同类型的问题时用画图作为辅助手段,需要学生自主筛选合适的画图方法,将复杂的题目简单化、形象化,寻找数量关系和解决问题的关键。因此在培养学生画图能力的同时,也要使学生学会迁移运用,面对不同的题型掌握怎样画图更简单直观。

二、借助画图策略提升学生解决实际问题的能力

(一)巧用画图策略解答推理问题

逻辑推理贯穿数学教学的始终,推理能力的形成和提高是一个长期、循序渐进的过程,义务教育阶段要注重学生思考的条理性,不过分强调推理形式。培养推理能力需要学生通过观察、尝试、估算、归纳、类比、画图等活动发现一些规律,猜测某些结论,发展合情推理能力。在低年级的数学教学中,数形结合的思维能非常有效地帮助学生厘清数量关系,因此画图策略在解决推理问题时有很大的帮助。人教版义务教育教科书数学一年级上册110 页的一道推理题:小明和小华读同一本故事书,小明读了 8 页,小华读了9 页,谁剩下的多? 题目内容并不复杂,考查的是学生的逻辑能力,学生直接解答会有一定的难度,因此教师可以让学生根据实际问题尝试画出线段图。可以用两条同样长的线段表示两本书同样多的页数,再根据题目信息在图中补充已经读了的 8 页和 9 页,9 页的这一段会比 8 页的这一段长一些,在这个过程中引导学生观察线段图能帮助学生更好地理解题意,分析数量关系,自己寻找合适的解决方法。

像这类对学生抽象能力要求较高的问题,画图更加直观,学生可以根据线段图分析数量关系,从而建立数学模型,解决问题并提高自身抽象能力。

(二)巧用画图策略解答倍数问题

数学学科具有逻辑性和抽象性,各知识之间具有联系性。二年级学生学习了表内乘法和除法的相关知识,已经对核心概念"份"有了一定的了解,在学习"一个数是另一个数的几倍"和"一个数的几倍是多少"的问题时,学生需要找到一份的数量,再通过不同的画图方式找到一份和几份之间的倍数关系,从而解决问题。因此在教学中需要引导学生根据题目信息画出点子图和线段图。学生通过画示意图,可以把抽象的问题直观化,简洁清晰地呈现出两者之间的数量关系,不仅体现了数学的美,也是学生从形象思维向抽象思维过渡的重要载体。

(三)巧用画图策略解答数的运算

学生在三年级学习"多位数乘一位数"的相关知识时,容易出现的问题就是不理解算理,只会运用算法,背后的原因在于重结论、轻过程。要想使学生灵活运用知识并进行迁移,需要把知识内化,对已有的知识加以分析,

展开思维。因此学生必须得理解算法背后的原因,通过画点子图和小棒图再分一分,能够完整地展示计算的过程,并帮助学生厘清每一步计算对应着哪部分,将抽象的计算回归具体。

三、总结

画图和解题结合的优点在于使学生解决问题的方法多样化,探究性学习过程中,通过画图等方式,可以呈现学生的思路,并能激发学生之间思维的碰撞。教师在教学中通过导入不同的画图策略,展现数量关系,帮助学生进一步掌握画图策略,让学生体会画图对数学学习的帮助,再引导学生自主根据题意运用画图或列表法分析题意,提升画图能力,感受画图解决问题的便捷。关注学生的思维发展,尊重学生之间的差异,小组探究合作学习的方式,生生之间的互动可以将学生想法之间的异同进行互补,集思广益、互相学习,有利于学生的自我反思和能力提升,促使学生更深入地思考。

(作者系北京市朝阳区实验小学左家庄分校胡玉青)

参考文献

[1]赵长英.自主探究式教学模式在小学数学课堂中的有效运用[J].中文科技期刊数据库(文摘版),2017(4).

[2]李浅.谈探究式教学在小学数学课堂中的运用研究[J].数学学习与研究,2011(8).

[3]吴江明.小学数学运用画图策略解决问题的探究[J].时代教育,2016(4).

多元智能理论在小学语文
教学中的实践研究

摘要:随着我国素质教育的推进和教学改革的深入发展,教育的重点已经转向了对学生核心素养的关注,具体地说就是通过对教育教学实践进行改造,从而提升学生的核心素养,促进学生德、智、体、美、劳全面发展。多元智能理论为素质教育背景下的课堂教学开辟了广阔的途径,为促进学生核心素养的形成提供了先进的理念。多元智能理论鼓励教师要更多地关注学生的不同智能,在语文课堂上运用多元智能教学模式,使学生有获得知识的成就感,促进学生知识的学习和多元智能的开发。

关键词:多元智能;小学语文;实践

核心素养是对素质教育的新突破,是要培养全面发展的人,就是要提供适合学生主动发展、创造性发展和可持续发展的教育,提供适合学生成长与发展需要的教育,为学生的健康与成长固本强基,让学生终身受益。加德纳博士1983年提出了"多元智能"理论,1996年完善成了"八大智能理论"(语言智能、数理逻辑智能、视觉空间智能、音乐智能、身体运动智能、人际沟通智能、自我认识智能、自然观察智能)。"多元智能"理论承认人的智能的差异性和多样性,它的核心是尊重每一个学生的个性和公平地看待全体学生,全面地评估学生的成就,并发展学生的潜能,从而重建学生的自信和学习兴趣,最终达到个人全面的改进和发展。

如何调动学生的兴趣,如何提高课堂质量,如何让学生的多元智能有效应用到学习过程中,是需要教师不断思考的问题。多元智能理论鼓励教师更多地关注学生的不同智能,在课堂上运用多元智能教学模式,使学生有获得知识的成就感,促进学生知识的学习和多元智能的开发。

一、创设多元智能的课堂

一个生动活泼的课堂能吸引学生的注意力,学生学习的兴趣也会随之提高。教师可以设计多种多样的活动,如看图说话、朗诵、话剧、歌舞、辩论赛、诗配画、多媒体技术的运用等,这样能将学生的语言智能、空间智能、运动智能、音乐智能和逻辑智能等有机结合,调动学生多种感官参与学习,进而发现和培养学生不同方面的智能,有利于加深学生对知识的理解,加大课堂的知识密度,发展学生的多元智能,提升学生的整体智能水平。

二、在课堂上培养学生的语言智能和人际沟通智能

《义务教育语文课程标准(2022年版)》提出:"现代社会要求公民具有良好的人文素养和科学素养,具有创新精神、合作意识和开放的视野,具有包括阅读理解与表达交流在内的多方面的基本能力。"由此可见,语文能力的培养涉及多方面的智能范畴。因而小学语文教师要综合考虑学生智能的发展,在实施教学过程中抓住各种机会不断尝试,逐步完善自己的教学以达到培养学生多元智能的目的。

语言智能是指有效地听、说、读、写的能力,是个人能够顺利而高效地利用语言描述事件、表达观点并与他人交流的能力。人与人之间的交流不可避免地用到语言,语言能表情达意,是人类相互沟通的桥梁,语言是最重要的交际工具,是人类文化的重要组成部分。听、说、读、写也是语文学科的基本素质。在部编版教材中,每学期都有"口语交际"板块,以提升学生日常口语交际的基本能力,在各种活动中学会倾听、表达和交流,学会用语言进行人际沟通和社会交往。如五年级第一单元的口语交际主题"制定班级公约",这是一次具有较强目的性的口语交际活动,首先,让学生初步讨论,确定班级目标,并提出发言的要求:表达观点简单明了,语速适中,把内容说清楚;其次,小组讨论,形成初步意见,发言时注意文明有序;最后,全班表决,形成公约,发言时尊重不同见解。在学生发言过程中,教师始终保持欣赏、鼓励的态度,从各方面肯定学生们交流的内容,增强学生表达的自信心,激发学生的交际兴趣,提高学生的人际沟通智能,并激发学生的交际兴趣,提高交际能力。而且整个班级公约的制定过程也是一个"立德树人"渗透德育的过程,使学生学会倾听,学会表达,学会与他人沟通和交往。

三、教学中兼顾多种智能的培养

长期以来,语文教学以听、说、读、写为主,尤以读、写训练为核心,将"语言智能"的培养强化到极致,却忽视了对其他智能的培养。其实,语文教学中"听、说、读、写"能力的养成,本身就包含"多元智能"的综合活动。尤其是阅读训练中,对诗、文的领悟理解不仅需要语言智能,还要具备视觉空间智能、人际沟通智能、音乐韵律智能、自我认识智能等。通过学习多元智能理论,教师在语文教学中要创设各种活动情景,在提升学生语言表达智能和逻辑分析智能的同时,给学生机会完成对其他智能的开发,促进学生智能多元方向发展。如在语文阅读教学中,在完成写作等语言表达智能和逻辑分析智能训练的同时,给学生充分的自主空间完成人际交往智能和自我认知智能的开发。

在语文的阅读训练中,有这样的一项文章续写练习。文章的题目叫《一把雨伞》。文章主要写了一位贫困家庭的母亲为了满足孩子想要一把伞的愿望,连续几天熬夜工作挣钱,攒下了买伞的钱,为孩子买了一把伞,满足了孩子的愿望。当孩子看到母亲蜡黄的脸色以及充满着血丝的眼睛时,心中感到万分的愧疚,感恩之情油然而生。文章的内容就到这里,下面是让学生们沿着已经有的情节,根据自己的阅读感受和想法去续写情节,完成整篇文章。在续写的过程中,绝大多数学生可以紧紧围绕文章的主旨,写出感恩与愧疚之情。如,他扑在母亲的怀里,怀着深深的歉意说:"妈妈,我不应该这样任性地让您去为我买伞。我们家本来就不富裕,您为了满足我这个愿望,没日没夜地工作。您看您的身体……妈妈,对不起呀!"这时,妈妈紧紧地拥抱住孩子,甜甜地笑了。班里大部分的同学也都写出了表达感恩与愧疚之情的文字。但也有极个别的同学是这样写的:"谢谢妈妈,您对我太好了,您是多么爱我呀!"于是抱着妈妈亲了一口。当然,这是学生内心真实的想法,也是一种自然的表达。但我们对比这两种答案可以看出:第二种情况,更多表达的是对母亲的感谢,而对母亲的内疚引发的感恩之情没有体现出来;本应因愧疚产生的悔恨却变成了一种喜悦。

从语言表达方面或者从语文教学的工具性方面来审视这两种答案,应该说都基本完成了教学目的。但从学生核心素养方面或者从语文的人文方面来审视这两种答案,第一种答案完成了教学目的;而第二种答案虽然完成了语文教学工具性方面的训练任务,但对语文教学人文方面体现不足,在人生观、价值观以及情感态度和做人做事的准则方面是有缺失的。

按照多元智能理论,教师要在语文教学中努力创造开发学生多元智能的环境,引导学生开发人际交往智能和自我认知智能,从而树立正确的人生观、价值观以及情感态度。于是笔者将两段文字答案都呈现给学生们,由学生们来判断,最终在教师的引导下,学生们作出了正确的选择。

至此,再重新审视这节课的教学情况:从语文课程的标准审视,本节课的教学基本达到了语文工具性和人文性的统一;从多元智能理论审视,本节课的教学在完成写作等语言表达智能和逻辑分析智能训练的同时,给予了学生充分的机会完成人际交往智能和自我认知智能的开发,促进学生智能向多元方向发展。可以说这节语文阅读训练课圆满地完成了教学任务。

上述案例说明,语文教学不仅是"听、说、读、写"等语言表达智能和逻辑分析智能的教学,而更应该是一个发展多方面"多元智能"的教学活动。在这一教学活动中,要使语文的工具性和人文性得到统一,要使学生的智能向多元方向发展,只有这样的语文教学,才能促进学生的全面发展,在润物无声中培养学生多元、健康成长。

四、在教学中展示学生的优势智能

问题讨论法是语文教学中一个很重要的教学手段。教师提出问题后,同学们彼此合作,集思广益,发表自己的看法,在这一教学环节中,许多学生都能充分开拓自己的思维,积极思考,达到对学生观察智能和交际智能的培养。

在教学中,教师往往会创设情景给学生创造多样的展示自己的机会。以教学《爱国诗二首》为例,《示儿》的作者陆游和《题临安邸》的作者林升,都为南宋诗人,两人都饱含爱国热忱,老师在课堂中通过创设"假如两人相遇,会发生怎样的对话?"这样的情景,来让学生进行展示。学生通过阅读古诗,结合人物资料,围绕作品主题展开讨论,讨论过程不但展现了学生组织语言、运用语言的能力,而且还关注了两个陌生人相遇后会产生怎样的故事,既展示了学生的语言智能,又提升了学生的人际沟通智能,可以说这样的学生活动设计,让学生进行了综合的全方位的展示。

五、结语

每个学生都或多或少具有八种智能,只是其组合的方式和发挥的程度不同。将加德纳博士提出的多元智能理论引入小学教学中,尤其是语文教学中,对于充分开发学生潜力,发展学生更多方面的能力可以说是具有颇多益处的,对提高小学教学质量有很大的帮助,有利于了解每个学生的个性,尊重学生的差异,有利于教师因材施教,从多方面评估学生的能力,发掘学生隐藏的才能,取长补短,让每个学生都有所成长,增强学生的自信心,从而促进学生的全面发展。

(作者系北京市朝阳区实验小学左家庄分校魏子漪)

参考文献

[1]中华人民共和国教育部.全日制义务教育语文课程标准(实验稿)[M].北京:北京师范大学出版社,2001.

[2]杨瑛.浅谈多元智能在语文课堂教学中的运用[J].现代语文(教学研究版),2009(9):76 – 77.

[3]加德纳.多元智能[M].北京:新华出版社,1999.

浅谈小学英语阅读能力的培养

摘要:基础教育阶段英语课程的任务是激发和培养学生学习英语的兴趣,使学生树立自信心,养成良好的学习习惯和形成有效的学习策略,发展自主学习的能力和合作精神;使学生掌握一定的英语基础知识和听、说、读、写技能,形成一定的综合语言运用能力。由此可见,小学英语课程任务的核心目标是培养学生的综合语言运用能力,而学生阅读能力的培养是有效发展学生的综合语言运用能力的手段之一。小学生由于刚刚开始学习英语,所学知识内容有限,教师往往忽视了对学生阅读能力的培养,在小学阶段教师就应该有意识培养学生良好的英语阅读习惯和能力。

关键词:激发阅读兴趣;阅读习惯;阅读方法;自主学习

一、激发学生的阅读兴趣

(一)营造宽松的氛围,调动阅读兴趣

小学生学习英语是否成功很大程度上取决于他们的学习兴趣,教师应创建说英语的环境,培养学生用英语去思维:借助实物与形体语言,用英语组织教学,营造出浓郁的学习氛围,让学生习惯地听英语说英语,在真实的语言环境中轻松投入真切感受,用英语去思考问题(thinking in English),并用英语作出反应。教师要创设丰富的语言环境,给予学生大量的语言素材,使学生在这样的过程中"自然领悟,有效习得"。因此课堂阅读教学正式开始前的"准备操"非常重要,即教师和学生的自由交谈(free talks)或学生之间的对话(free dialogues)非常重要,它可以很容易地让学生以一种放松的状态进入课文的学习。

(二)选择适合的阅读材料,激发阅读兴趣

小学生的学习有别于其他学习者,他们处于9～12岁。这个年龄段的学生具有好奇、好动、爱表现、善模仿等特点。阅读材料难度要适中,符合小学

生的英语实际水平和年龄特征。教师可以根据课本所学的知识,并在此基础上,编写和收集英文小故事、小短文等;也可以利用一些与教材相匹配的比较有趣的阅读材料,如"What am I? Please guess. I am round. I have a big face without a nose or eyes. I have three hands, but I have no legs. Do you know what I am?"

这篇小短文非常有趣,学生在兴趣盎然的阅读和猜谜过程中巩固了所学的语言知识。

二、精心设计阅读内容,培养良好的阅读习惯

对处于英语学习入门阶段的小学生来说,传统的阅读教学是比较乏味枯燥的,教师应改变过去的阅读教学模式,积极探索新的方法,精心设计阅读教学。现在的小学英语教材非常注意学生阅读能力的培养,在北京课改版的教材中,每单元都安排了 Stort Time,这些材料一般都是故事型的,而且图文并茂,充满童趣。

对于故事型的阅读材料,笔者一般采用"五步阅读教学法",能有效地激发学生的阅读兴趣。即初读自悟,获取大意—再读故事,质疑解疑—合书静听,再会其意—跟读正音,准备表演—小组合作,上台展示。例如在指导学生阅读 Dog and Mouse 这一故事时,笔者先让学生看书默读,配合插图自己了解故事的大意,接着提出疑问,"Who is crying? Why?"让学生带着疑问再读故事,细细品味,找出答案。同时鼓励学生找出自己不懂的地方共同解决,如单词的读法和意思、句子的理解等。接下来让学生合上书,静静地听录音,再会其意;最后让学生跟读,分组进行表演对话。还可以引导学生根据题目或插图对阅读内容进行预测,或是根据阅读内容加上合适的题目,从而激发学生进一步阅读课文的兴趣。在这样一个学习过程中,不仅学生的英语阅读能力得到了锻炼,也培养了学生的思维能力、分析能力和创新能力。

三、培养学生阅读的方法及技巧

在英语阅读过程中,不同的阅读任务运用不同的方法和技巧,根据不同的阅读任务采取不同的阅读方法及技巧,是培养学生英语阅读能力的关键。

(一)猜读

猜读即阅读时,不因遇到个别生词而停顿去查词典,而是通过上下文或

构词法等快速猜、判断某词的含义,不中断阅读过程,从而更快地了解文章的内容,提高阅读速度。

(二)掠读

掠读即"跳跃式"阅读,学生经常被文章中的新单词卡住,下面的就没有信心读下去,或者一定要查了词典知道其意思才能继续看下去,其实,大可不必,这样不仅影响阅读的速度,还会影响思维的连贯性,从而导致阅读效率不高。于是,我指导学生掌握一定的阅读技巧:先跳过这个单词,可根据上下文的内容,很自然地就能猜测出它的意思。如:Some people feel sick in the winter. Many people get the flu. How do you know when you have the flu? Do you have a sore throat? Does your nose hurt? Do you have a headache? If you have a fever, you might have the flu.

起先学生对于 flu 这个单词不了解,但是根据下文,就不难猜出这是"流感"的意思,这样,学生利用阅读技巧,达到了高效率的阅读。

(三)学会抓关键词

学会抓关键词,如注意事物(what)、地点(where)、人(who)、时间(when)、怎样(how)、原因(why)等关键词。

四、教学中培养学生提问的能力

(一)鼓励学生,使他们敢于提问

1. 为学生创设和谐课堂氛围

教师在课堂上要努力营造宽松、民主、和谐的教学氛围,鼓励学生多提出问题,从而主动地学习知识。告诉学生会答问只能说明理解了课文的含义,会提问才是会思考的能人,当有学生提出问题时,一定要投以赞赏的目光,并引导同学一起对提问的学生表示肯定。只有真心地赞赏每一个提问、认真地回答每一个提问、恰当地评价每一个提问,才能真正地鼓励学生敢于提问,培养学生思考的习惯,变课堂上的被动者为学习的主动者。

2. 给予学生更多思考的时间

在课堂教学中,教师要不断鼓励、引导学生发现问题和提出问题,给学生自主的学习空间和足够的时间,引导学生会问、善问。如果学生一时提不出问题,教师不要急躁,要保证学生有独立思考的时间,要耐心引导。

（二）借助评价，引导学生善问

学生在课堂上提出的问题有浅有深，有的甚至十分怪异。对此，教师应适时归类，有意识地引导学生对有价值的问题进行探究，对于价值不大的问题也应保护学生的积极性。如在培养学生提问能力之时，有的学生实在想不出问题，却又要完成老师交给的任务，提出以下问题："What color is Mike's T‑shirt？""Where is Ann's mother？"这样的问题与阅读内容毫无关联，但老师又不能打击学生的积极性，对于这样的问题老师只需简单回答即可。在长期的提问能力培养中，教师可以借助评价，如把每次的提问分为★、★★、★★★等级，对于价值不大的问题只作回答，不作评定；而对于精彩的提问则大加赞赏。学生可以通过教师的评价和引导揣度出什么是有价值的问题，什么是无实际意义的问题，经过这样长期训练和引导，学生基本能驾驭阅读材料了，提问也从表层走向深度，能提出不少有价值的问题了。

总之，"冰冻三尺，非一日之寒"。培养学生的阅读能力，是一个渐进的复杂过程，切忌操之过急。兴趣是动力，养成良好的阅读习惯是前提，必要的阅读技巧是关键。教师应训练学生从读单词、读句子入手，过渡到读故事、读短文；从拼读、认读到朗读、阅读，循序渐进，并与听、说有机结合，逐步提高小学生的阅读能力，实现小学英语阅读的教学目标，全面提高小学生英语学习的效率，从而进一步提高学生综合运用语言的能力。

（作者系北京市朝阳区实验小学左家庄分校杜丽）

参考文献

［1］章兼中.小学英语教与学［M］.上海：上海外语教育出版社，1996.

［2］禹明.新课程理念与小学英语课程改革［M］.长春：东北师范大学出版社，2014.

［3］龚海平.小学生英语阅读能力的培养［J］.中小学英语教学与研究，2005（11）.

［4］茅蓓蕾.小学英语阅读教学之我见［J］.中小学外语教学，2017（2）：17－19.

关于小学英语语音中语流音变教学的研究

——以北京市某小学为例

摘要：语流音变现象在英语中大量存在，如何让学生掌握正确、规范、自然、流畅的英语至关重要。通过对北京版教材，对北京市某小学的低、中、高年级三节课堂实例进行分析并访谈相应授课教师，最后对三个班的学生进行语流音变测试的方式进行了探究。研究发现教材没有涉及相关知识，教师也没有完全掌握理论性知识，在课堂教学中的渗透内容和方式还有待进一步加强，部分学生的语流音变意识较弱。

关键词：语流；语流音变；教学

一、研究背景

《义务教育英语课程标准（2022 年版）》对小学生的语音知识作出了四方面的要求：正确读出 26 个英文字母；了解简单的拼读规则；了解单词有重音，句子有重读；了解英语语音包括连读、节奏、停顿、语调等现象。目前有关小学英语语音教学的研究很多，但大部分停留在对字母、单词教学的研究方面，很少有针对课标中提出的要求小学生了解句子重读、连读、节奏、停顿、语调等语流音变现象的相关研究。本研究旨在通过对现状的调查，发现其中的问题，根据相应的理论知识，提出合理的建议，加强教师对语流音变现象的教授与学生对语音知识的学习。

二、研究结果和讨论

（一）教材中语流音变知识的呈现

本研究的目标小学位于北京市朝阳区，使用的是北京版教材，笔者对一年级到六年级的所有教材共计 12 本进行了系统的分析。低年级教材在每单元的复习课也就是第四课的 Look and read 模块设置了语音的练习,中高年级设置了 Now I know the sound 模块。对于语流音变的知识呈现是没有的,这就对教师在这方面的教学提出了挑战。教师需要结合语流音变理论知识和教材内容,同时也要充分考虑学生对该知识的接受程度,进行语流方面的补充教授。

(二)语流音变教学实例

1.低年级语流教学情况及存在的问题

低年级观摩的是一年级上册 Unit 2 Lesson 7 Let's say。本节课主要要求学生掌握的单词是:cat、bag、black、fat。热身环节教师和学生齐唱了歌曲《Hello》。师生一起表演,对歌词中的重点单词进行了重读,具体表现为声音分贝提高,用手势向学生提示该单词要重读。歌曲曲调欢快,节奏感很强。教师用手画出语调,提示学生升降调,并结合表情进行提示。

该校的英语早读也非常有特色,尤其体现在低年级。教师会在早读时播放 Alphablocks,教师和学生一起学习。首先播放第一遍;第二遍时学生可以跟读;第三遍开始教师在每个字母组合出现后暂停进行特别讲解,学生进行练习;最后再过一遍。每个早读进行一个字母组合的听、说练习。

2. 中年级语流教学情况及存在的问题

中年级观摩的是四年级上册 Unit 3 Lesson 9 Would you please... 这节课。本节课课文中出现的短语和教师热身环节用到的短语,都有明显的语流音变现象。如 would you 和 stand up 的连读现象,sit down 和 what time is it 的失去爆破现象,还有 I can't go 的重读现象。

教师在授课过程中注意到了语流音变现象,在跟读录音时强调 Try to be a native speaker。在每个短语出现的时候都进行了强调,并在板书时对连读的单词进行了专门的标注,用一个弧线提示学生此处要进行连读。在这个活动过程中,有学生的语调有些问题,教师及时进行纠正,对连读现象伴有手势画弧线的提示,还会问学生 Is he or she a native speaker? 其他学生也会在整个活动中意识到语音语调的重要性,并根据老师的指导以正确的语流读出整个句子。不难看出,该教师意识到了语流音变应该渗透给学生,但是只强调了重读和语调,没有涉及弱读和失去爆破。

3.高年级语流教学情况及存在的问题

高年级观摩的是五年级 Unit 3 Lesson 9 一课。该教师特别重视学生长句的断句意识。本节课有一个比较长的句子:It's on the fifteenth day of the eighth month in the Chinese calendar. 教师在讲课过程中将这个句子单独列出来,在带领学生读的时候用手指提示升调、降调的位置。整个教学过程中语音部分处理得游刃有余,衔接非常流畅,体现了该教师扎实的功底。

在讲解 round cakes 时为强调 round 的重读,教师在幻灯片中插入了动画,放大 round 还配了图片,同时不忘用动作提醒学生。之后还扩展了各种 round cakes 和不同形状的 cakes 来引起学生对重读的重视。每出示一组图片,教师都会说:Can you read it? Remember you are a native speaker. 然后叫同学起来读,对不正确的重读处理进行纠正。

(三)学生在语流音变方面存在的具体问题

1. 低年级测试结果及错误分析

从测试结果不难看出,大部分学生的掌握情况还是比较好的,有 21.62% 的学生完全掌握了要领,对重读和语调的处理非常好;同时,53.15% 的学生达到了比较好的水平,说明该班教师的教授效果还是比较明显的,学生的掌握情况也比较好;较小比例的学生出现了重读与弱读混淆的现象。有些学生语感比较强,处理得比较好,但是对于语感较弱的学生来说会把弱读当成重读处理。

2. 中年级测试结果及错误分析

中年级学生对于连读、重读的掌握情况较好。连读非常好的学生比例达到了 44.76% ,35.24% 的学生达到了比较好的等级。对于重读的处理结果是最好的,非常好的学生比例占到了 40% ;41.90% 的学生达到了比较好的等级。但是,在弱读、语调的处理上还有欠缺。在弱读的处理上,非常好和比较好的学生比例仅为 6.67% 和 18.10% ,而语调非常好的学生比例也只有 13.33% 。

3. 高年级测试结果及错误分析

该班学生水平整体较高,因此笔者特别关注了学生对于句子和文段的语流音变现象的处理情况。从测试结果不难看出,高年级学生对连读、重读现象和语调处理得不错。连读非常好的学生比例高达 64.29% ;重读非常好和比较好的学生比例也是比较高的,分别为 30.95% 和 34.52% ;语调的处理上,非常好和比较好的学生比例分别为 16.67% 和 40.48% 。问题最大的就是对弱读的处理,非常好的学生比例仅为 7.14% ,比较好的学生比例也才 27.38% 。

（四）小结

总体来说,该校学生对于连读、重读的处理比较不错,原因在于教师在授课过程中进行了渗透和强调。中年级学生的弱项在于失去爆破和弱读方面。对于失去爆破现象知识的了解很少,教师和学生在这方面的知识储备都不够。高年级学生由于个人原因在语调方面处理得不好,同时也有受汉语负迁移的影响。

三、对策和建议

（一）教师教学方面

要让学生进行自主探究性学习。比如在教授四年级上册课文中的句子"Why don't you go to bed now?"时,学生一开始可能会把 don't you 分开读,而且很标准,这时教师可以把 t 和 you 圈起来打个问号,问如何读得更地道呢。教师还可以出示"Can't you see the monkey?"鼓励学生尝试朗读。教师不需要明确语流音变的专业术语,只需在教学过程中进行逐步渗透即可。但要对重读、连读、语调进行标示提醒学生。

（二）学生学习方面

要多参加演讲、朗诵、配音等相关活动,锻炼自己的语音语调。利用课余时间聆听并尝试模仿一些优美的英文演说片段,身临其境地体会演讲者所要表达的情感,淋漓尽致地表达出来。还可以观看英文原声电影或脱口秀节目,并模仿其中精彩的对白,去感受英语语音语调的魅力。外出遇到外国人时,敢于与他们进行简单的交流,善于倾听他们说话时的语音语调,并尝试模仿。如条件允许,可到英美国家旅游,切身感受他们的语言环境,感受他们语言的魅力,日积月累,语感也就自然形成了,语音语调也在不知不觉中有了突飞猛进的提高。

（作者系北京市朝阳区实验小学左家庄分校胡京华）

参考文献

[1]戴忠信,刘军. 培养学生的语调和韵律能力[J]. 基础教育外语研究,2003(7):20 – 24.

［2］郭莹.基于对比分析下的英语语流教学策略［J］.湖北广播电视大学学报,2012(5):137-138.

［3］廖志恩.英语语流中的音变现象探析［J］.广西右江民族师专学报,2004(1):82-84.

［4］马佳盈,刘浩,许亚明.语流音变和语音教学——针对英语学习者语音教学的思考［J］.黄山学院学报,2008(3):117-120.

［5］孟宪忠.英语语音学［M］.上海:华东师范大学出版社,1992.

［6］汪雯波.英文歌曲辅助英语语流音变教学的实验研究［J］.昭通学院学报,2014(1):116-120.

［7］张冠林,孙静渊.英语语音语调:从零起点到发音王［M］.北京:北京外语教学与研究出版社,2010.

［8］中华人民共和国教育部.义务教育英语课程标准(2022年版)［M］.北京:北京师范大学出版社,2022.

浅谈提升小学科学课堂效率的几点启示

摘要：高效率的课堂一直是老师们孜孜追求的目标，有关提升课堂效率的方法研究也随着实践不断精进。小学科学课堂有着其特殊性，即以学生自主探究为主，提升课堂效率的方法也有特殊之处。通过对自己几年来科学教学经验的总结，把收效较好的几种提高小学科学课堂效率的方法作相应介绍，并列举出相关例子，以此来说明提高课堂效率的方法。方法主要以调动学生活动兴趣为主，只有学生真正愿意参与了，课堂效率自然会提升。

关键词：小学科学；课堂效率；兴趣；活动

基础教育改革开展已有多年，一直提倡给学生减负，但教育目的并没有改变，这样就出现了矛盾，只有提高课堂效率才能解决这一矛盾。笔者作为一名小学科学教师，虽然只有几年教学经验，但通过自己的摸索找到了一些门道，也来谈谈对提升小学科学课堂效率的几点启示。

一、激发学生的学习兴趣

（一）选择适当教具来激发小学生的学习兴趣

根据小学生的心理特点，实物教具对发展学生的抽象思维能力具有一定的作用。对于小学低年级学生而言，生活是其主要认知的来源，生活中的物品是学生认知的主要对象。科学教材上东西很少，只有两幅图，几个字，教师都觉得实在是没有知识可以讲授，更不要说学生了。后来笔者认识到小学科学这门课程主要是关注生活，于是就想那就把生活中的物品尽可能还原到课堂上，这样能否使课堂效率提升呢？学校订购的教材套装很简单，不能达到很好的效果。这就需要教师改变自己的授课模式以达到促进教学的目的。穷则变,变则通,通则久。既然不能通过购买教具解决现有的问题,那能不能自己设计出适合自己和学生学习的教具呢? 事实证明,笔者通过自己设计教具使课堂教学达到了不错的效果。在教授教科版科学三年级下册《影子的秘密》这节课时,笔者选择了手电筒、白纸、太阳、水杯作为主要教具,学生自己把影子成像出来,学生们非常兴奋,很多同学争先恐后地尝试,自己把现象背后的知识原理通过自己摆弄教具得了出来。把教具使用得恰到好处,既有利于向新知识过渡,也能够摆脱枯燥的学习气氛,还可以改善学生的动手能力以及提高学生的记忆力。

(二)巧妙利用游戏营造良好的课堂氛围

兴趣是学生学习最好的老师,假如教师只是一味地在讲台上讲授知识,而学生只是坐着听课,那么就会有同学走神,根本听不进去。要是教师能够抓住他们活泼好动的特点,从游戏和小组活动这两种方法入手来提高他们学习的动力,激发学生的学习兴趣,就能够使他们积极主动地去学习。在《影子的秘密》第二课时的时候,笔者为学生们设计了"接力""比亮度"等游戏。让学生利用自己手中的镜子,对外面投射进来的太阳光进行反射,让光线绕过障碍物达到终点,把教室里的光线转移到较暗的楼道里,4人一个小组,比一比哪一个小组投射的光圈最亮。小学生具有调皮好动、好胜心强等特点,教师应该给学生提供各种便利条件,在班上组织灵活多样的、富有趣味的活动,在活动中培养学生的集体意识和责任感。通过实践,学生从中懂得了凡事要多动脑筋、找窍门,以及体会手和脑同用的益处。只有使学生有了展示自己才华的机会,他们的参与意识才日益浓厚,自理能力也就在潜移默化中慢慢形成了。此外,这样做还培养了学生的竞争意识、合作精神、交往能力和忍受挫折的能力,充分体现出了小学生的主体地位,发展了小学生的创新精神。

二、凸显学生个性,促进学生自主学习

每个学生都是一个独特的人,所谓独特就意味着与众不同,有自己独特的兴趣和爱好。教师要在课堂教学中让学生充分展示自己的个性。科学课上活动比较多,每一次活动之前笔者都会强调每个人都要尝试一次,在别人尝试的时候静静地观看,不和同学讲话,更不能在别的同学操作的时候动手。提出建议和动手帮助要在同学操作结束后进行。提出这些要求有很多好处:一是最大限度体现学生的自主意志,不受到其他同学的影响;二是使学生更懂得礼貌,做事时不打扰别人;三是促进养成学生规范、秩序意识。

三、紧密联系生活,把生活中的问题带进课堂

科学这门课程和学生的生活联系十分紧密,课堂中的很多问题都是学生在生活中遇到过甚至经历过的。在进行这样的课程之前,笔者会让学生回家自己去收集观察和课程相关的一些现象,把自己在生活中遇到的一些问题带回到课堂,通过同学间的讨论得到结果。在首师大版科学四年级下册《食物中的营养物质》一课中,笔者使用了这个方法。课前提出两个问题:一是生活中哪些食物含有淀粉;二是你是怎么知道这些食物中含有淀粉的。第二天,在课堂上笔者准备了生活中一些常见的食物,这些食物中有的含有淀粉,有的不含有淀粉。食物包括土豆、黄瓜、米饭、花卷、葡萄、苹果、豆角、辣椒等,同时准备了玉米淀粉和碘酒。很多同学都能说出含有淀粉的食物的名称。但当笔者问到你是怎么知道它含有淀粉的时候,就没人能够回答了。这节课上学生很兴奋,都愿意去尝试,识别淀粉的方法一下子就学会了,大大提升了课堂的效率。

四、关注学生的学习过程

很多家长和教师只是单纯关注学生的学习结果,而且对学习结果的评价也是片面的。关注学习就像关注商品一样,只有关注到商品的生产过程、商品的材料来源、加工过程和加工环境才能真正了解这个商品的真实状况。

科学课堂上有大量的实践活动,包括参与游戏、实践操作等。如果教师仅仅是将活动道具、活动问题简单地抛给学生,再也不管不问,结果可想而知。在学生学习的时候教师不仅要关注到学生是否做了,更要关注学生是怎么做的,在做的过程中遇到了哪些问题和疑惑。这样才能真正关注到学生的学习过程,才能真正了解到学生是否真的学会了。

在《影子的秘密》一课,笔者让学生在操场上玩"踩影子"游戏。笔者只提出一条要求:不要让其他同学踩到你的影子。有的同学通过不断的奔跑改变自己的位置来躲避别的同学的进攻,还有的学生干脆躺在地上把自己的影子隐藏了起来。有一名同学却在原地打转,别的同学不断地踩踏他的影子,他却手挠着头茫然不知所措。笔者把那名学生叫过来,让其他学生继

续。笔者问他为什么不躲开其他同学的进攻,他说:"我不知道该做什么,不明白老师您说的是什么意思。"此时笔者才意识到可能是教师提出的规则没有解释清楚,造成了学生理解有问题。改进规则之后,学生体会到了更多游戏带来的快乐。如果笔者仅仅是把学生撒出去自己去游戏,不去关注那名学生的茫然无措,可能就会使得那名学生这节课没有收获。

　　总之,小学科学教师一定要善于从学生的实际需要出发,并根据小学生的年龄特点和认知规律,做认真的研究、认真的总结,积极探索、因材施教,找出最适合于学生的教法,从而提高课堂效率。

（作者系北京市朝阳区实验小学左家庄分校高大臣）

参考文献

[1]李吉霞,张翠萍.国外环境教育特点及其对中国的启示[J].继续教育研究,2007(1):81-83.

[2]张丽娟,华润成.探究性教学在小学环境教育中的应用[J].现代教育科学,2006(12):52-53.

[3]潘菽.教育心理学[M].北京:人民教育出版社,1980.

"双减"背景下低年级作业的优化设计

摘要：作业改进是落实"双减"政策的必然要求，按照国家教育主管部门推动"双减"管理工作政策的落实，为了逐步减轻小学生的课业负担，数学教师要紧紧围绕学科核心素质要求，整体策划好课堂内外的活动，在单元整体视角下，做好"质"与"量"的平衡，促进学生基础发展与满足个性需求之间的协调。以少而精的高效操作代替单一、机械、重复性的大批工作，以实现"减负增效"目的，利用多媒体，注重多感官融合，重视知识之间的联系与迁移，体现问题探究空间，让学习过程自主有效，学习结果个性多元。

关键词：双减；育人功能；作业评价；家校共育

2021年7月，中共中央办公厅、国务院办公厅印发《关于进一步减轻义务教育阶段学生作业负担和校外培训负担的意见》，提出："全面压减作业总量和时长，减轻学生过重作业负担。"作业是检验学生学习成果的最佳方式，"鼓励布置分层、弹性和个性化作业"，教师布置作业要满足学生差异性、多样化的学习要求；并指出要"以人为本，注重学生人文精神、健康人格的养成"，作业的设计要从"育分"走向"育人"。"双减"政策下需要教师在单元视角下，设计创新型作业，改变以往机械重复且缺乏思考性的作业布置方式。

一、问题分析

作业的本质还停留在400多年前夸美纽斯强调的对已有知识或技能的实际操作或反复演练的"练习"。

（一）作业方式僵化

很多时候教师认为作业只是为了完成作业而"写"作业，并且忽略了作业形式的多样性,认为只有动笔才能称之为作业,将"练"奉为法宝,学生书写量逐渐增大,并逐渐对写作业失去兴趣,学生潜意识里认为写作业是一种负担,学习失去了本来的多样化和灵活性。

(二)轻视作业的生成性

作业在上课前已设计好,教师在设计作业时只是为了复习巩固和避免知识的遗忘,学生在完成作业过程中没有新的获得和领悟,重复性较强。

(三)作业统一,无视学生的差异性

"整齐划一""千人一面"的传统作业无视个体差异和学习需求,禁锢了学生的发展思维。学生在学习方面和理解方面都存在差异,但教师在布置作业时,通常都是以课本习题为主,对所有学生进行统一作业练习。小学生对于同一知识点的掌握程度和理解能力存在着较大的差异,特别是低年级学生,如果教师只采用单一性作业布置方式,学习能力较强的学生会认为没有挑战性,学习能力弱的同学会觉得内容较难,无法完成,严重影响了学生的学习效率。

(四)作业评价形式单一

教师在批阅作业时,只用简单的"√"和"×"或者"已阅"等形式进行批改,批改流于形式,对于学生通过作业练习反馈的问题不能给予解决和指导。

二、"双减"背景下小学数学作业的具体设计

(一)单元视角下进行作业设计

站在单元之上,教师更能看清全局,摸清教材的脉络,结合单元重点、同单元不同课时的目标来考虑改进作业的具体目标。设计单元作业要求教师必须系统思考单元教学的整体性和结构性,增强作业内容的关联性和递进性。

(二)遵循因材施教,进行作业分层

在"双减"政策背景下,提倡"以生为本"的教育理念,"鼓励布置分层、弹性和个性化作业"。这是避免作业"一刀切",通过可选择的作业既促进所有学生的基础性发展,又满足学生的个性需求。在教学中遵循因材施教,分层设计,给不同层次的学生布置不同内容、不同难度、不同要求的作业,使不同学生都能通过作业练习得到能力的提升,满足他们不同的需求。但如果

根据各层次的知识基础、接受能力和作业目标,把作业设计成 A、B、C 三类让学生"对号入座",或由学生进行自主选择,可能会对能力稍差的学生造成心理负担。设计隐性分层作业,不那么"黑白分明",每名学生做同样多的作业,但允许不同学力的学生答案有差异,让学生完成差异性作业,体验成功的快乐。

以《20 以内的退位减法》为例,本单元的学习内容主要有两方面:一是学习并掌握 20 以内的退位减法;二是用所学的知识解决问题。

而具体的教育目标则分为三个。一是学生掌握 20 以内退位减法的情况,包括能否在规定时间内完成相应的口算练习以及对口算方法的理解和掌握。二是学生是否能从不同的角度收集信息,根据问题排除多余条件,能采用画图、转化等策略帮助自己理解题意、分析数量关系并解决问题。三是学生用破十法,以想加算减或连减的方法得出 13 - 9 的结果。借助画图,根据破十法,用不同的符号表征出 13 - 9 的计算过程,表达出自己的想法。根据减法的意义,从 13 这个整体里去掉 9 这部分,得到的是剩下的另一部分,进行解决问题的创编。不同学力的学生根据自己的能力,呈现出了不同的精彩。

(三)强化反馈指导性

作业的批改和反馈指导是作业设计的一个重要环节。教师在布置作业之前,先对作业进行试做,发现作业出现的错误及其成因,对学生易错点提前预测,易于时间把控和针对性指导。在批阅时不能只停留在书面上的"√"和"×",对于某些学生需要老师进行面对面指导和交流的地方,帮助学生改进,并能及时反馈和反思。

(四)多样化作业,促进学生思维发展

1."画数学":通过图示"看见"思维

将题目中的数学信息和数学问题通过用不同的符号体现出来,把学生的思维进行外化。

例:有 10 个男生,相邻的两个男生之间站一个女生,问女生有几人?

学生通过简单的图示把思维外化出来,帮助理解题意。

2."说数学":通过语言"表现"思维

语言是思维的外衣,"说数学"旨在从语言这一途径让思维更加清晰、明了,激发学生表达的兴趣并促进其思维的发展。学生通过语言和动作的配合帮助厘清思路。

例:原来有12只小鸡,又来了5只小鸡,问现在一共有多少只?

求一共有多少只小鸡,就是把原来的12只小鸡和又来的5只小鸡这两部分合并起来,就是一共有几只小鸡这个整体,用加法计算。

3."学科间的融合":让思维在做的过程中发展

低年级学生处于习惯养成的关键期,注意力时间较短,并且容易出现畏难情绪,如何使学生在获得知识的同时提高学生的积极性,可以将数学与美术学科有机融合,帮助学生在绘画的同时巩固数学知识。

三、总结

"双减"背景下的作业布置可以拉近师生之间的距离,给教师和学生搭建一座友谊的小桥。小学阶段的数学教学在做到课后减负的同时,要确保教学的效果甚至提升教学效果。在课后作业的设计方面,教师需要注重教学的趣味性、生活化、差异化,并通过科学的课后作业设计来鼓励学生探究数学知识,进一步拓展学生的学习空间,提高学生学习数学的兴趣,切实落实"双减"的理念,达到减负增效的效果。

(作者系北京市朝阳区实验小学左家庄分校张雪营)

参考文献

[1]林燕.浅谈小学数学作业设计[J].新课程(上旬),2018(11):271.

[2]陈彩林.小学数学非书面家庭作业的设计与研究[J].新课程学习(上),2015(2):156.

[3]翁新萍.小学数学作业设计中的问题和对策探究[J].中外交流,2021,28(1):304.

浅谈语文教学中的美育

摘要:《义务教育语文课程标准(2022 年版)》指出,语文课程应通过优秀文化的熏陶感染,促进学生和谐发展,使他们提高思想道德修养和审美情趣,逐步形成良好的个性和健全的人格。所谓美育,就是通过形象熏陶,启迪和感染学生,在潜移默化中塑造学生的灵魂。语文教师在教学中,通过阅读文本、观察插图让学生了解美、感知美。在自主学习中,引导学生表现美;在拓展活动中,引导学生创造美。由浅入深,由表及里,由感性到理性,才能更好地在教学中进行美育渗透,从而提高学生的审美素质。

关键词:语文教学;美育;审美能力

教师的一切教学过程,特别是语文教学,都与审美教育有着不解之缘。近几年来,我国教育由"应试教育"向"素质教育"转轨,强调在语文教学中不仅要重视语文学科的知识性、工具性,还要重视它的思想性,充分利用语文学科的特点对学生进行美育。因此,在语文教学中渗透美育,培养学生的审美能力绝不可小视。

一、在语文课文中了解美

现行的小学语文教材精选了文质兼美的课文,教师可以引导学生充分挖掘文章中作者生动的语言、丰富的想象、细腻的笔触,了解美。

例如《观潮》一文中,教师引导学生厘清文章结构,知道课文是按照"潮来前—潮来时—潮去后"的顺序描写了钱塘江大潮;紧接着,让学生在文中找句子、品词语、想象画面。钱塘江"横卧"眼前,"横卧"一词写出了江的宽阔,又带有一种动感;江面"笼罩"的薄雾,小山"若隐若现",透露着几分神秘的美感。

从"隆隆的响声""闷雷滚动"等描写感受潮的声音;从"一条白线"到"拉长变粗"到"两丈多高的水墙",感受潮的样子。文中还描写了浪潮的样子和声音——潮如千万匹战马飞奔,声音如山崩地裂。在这样的描述中让学生们如闻其声、如见其景,感受江潮的气势非凡、雄伟壮阔。

学生们通过读句子、品词语、想象画面,不仅感受到了文章的语言美,同时也从作者的笔下了解到了江潮的静态美,还感受到了江潮动态的雄伟壮观之美。

二、在插图中、绘画中感知美

在审美教育中,审美对象总是以具体可感知的形象方式存在的,离开了具体的感性形象,就不可能成为审美对象。因此,美感的获得,首先在于对形象的感知。有些课文,学生可以依据语言文字,经由想象,直接浮现出作品所描绘的形象,从中得到美的享受。但是,由于小学生的审美想象力尚不发达,加之表象储存贫乏,有时仅凭文字的叙述,很难使学生呈现形象,唤起美感。这时最好的办法是利用插图、动画,把文字内容诉诸视觉的画面(因为图画比文字更容易产生鲜明的形象),使学生直接地产生意象整体,以达到陶冶美感之目的。

例如《爬山虎的脚》一文中讲道:"学校操场北墙上满是爬山虎。叶尖一顺儿朝下,在墙上铺得那么均匀,没有重叠起来的,也不留一点儿空隙。一阵风拂过,一墙的叶子就荡漾起波纹,好看极了。"仅凭这样的描述,学生很难形成清晰的意象,唤起美感。教材中配以插图,体现了爬山虎多、叶子一顺儿朝下、均匀、没有重叠、不留一点空隙的特点。教学时,教师可借助多媒体播放多张图片,使学生一边欣赏图片一边听老师范读课文,把图片与作者的描述进行对比,引导学生发现作者的描述非常准确、细致,进而感受到爬山虎叶子的美。

《爬山虎的脚》一文中还提道:"爬山虎的脚触着墙的时候,六七根细丝的头上就变成小圆片,巴住墙。细丝原先是直的,现在弯曲了,把爬山虎的嫩茎拉一把,使它紧贴在墙上。爬山虎就是这样一脚一脚地往上爬。如果你仔细看那些细小的脚,你会想起图画上蛟龙的爪子。"文中作者用了"伸、触、巴、拉"这几个动词描述爬山虎一脚一脚往上爬的过程,可是学生想象力有限,再怎么读也唤不起美感。于是,笔者先引导学生用简笔画的方式,画出爬山虎的脚;再根据学生自己画的简笔画,引导学生用双手做出向上爬行的动作。这样,学生不仅感受到了"爬山虎就是这样一脚一脚地往上爬"的过程,同时也抓住了课文中准确生动的描写,感受到作者细心观察后赋予爬山虎的自然之美。

三、在自主学习中表现美

语文中的美育,是在语文教学活动中,对学生进行审美教育的活动。

四年级语文教材下册第七单元的语文要素是从人物的语言、动作等描写感受人物的品质,学习从多个方面写出人物的特点。第八单元语文要素是感受童话的奇妙,体会人物真善美的想象。根据课标要求以及四下语文要素,在新冠肺炎疫情期间,四年级开展了主题为"童话之美"的自主学习活动。

活动之初,学生自主观看《哈尔的移动城堡》,之后学生和家人以及伙伴进行简单交流,感受童话中奇妙的想象,体会人物形象。疫情期间,不方便外出,学生们难得在家里跟父母一起看电影。他们还召开了家庭讨论会,家长、学生都积极发表自己的观后感,这样的交流,也加深了学生们对电影的理解。

紧接着自主探究的形式再升级,学生复看电影:"把电影中给你印象最深刻的人物(神态、语言、动作)和场景等用自己喜欢的方式表现出来。"此时的学生已经对电影的内容了如指掌,都在全身心地为展示进行着创作,都希望自己的表现是最棒的。

在展示交流自主学习成果中,有的同学从电影中提取人物,画出人物肖像,以人物语言作为主题,结合画出的人物在电影中的表现,对人物的性格进行多角度且恰当的评价;有的同学画出多个人物形象,对每个人物都进行了人物评价,体会人物性格上的差异;有的同学画出思维导图,抓住电影中的主要人物,从人物引出场景,总结每个人物的性格特点;有的同学从整个电影入手,整理人物关系网,画出一棵大树,树干是《哈尔的移动城堡》,然后衍生枝干标出主要人物,再分出与主要人物相关的次要人物,标注性格特点,还在思维导图树的旁边作了人物关系以及性格特点的说明,使电影情节、人物一目了然。也有给电影配音的,从电影中找到自己喜欢的人物,抓住某个场景中人物的表现,揣摩人物语言,进行配音,通过声音来表现自己对人物性格的理解。有的给苏菲配音,有的给哈尔配音,还有的给卡西法配音。虽然学生的声音还很稚嫩,但足以看出他们对影片中人物的喜爱,对人物性格的理解。从学生的表现中,不难看出他们在学习中已经感受到了童话不同方面的美感。

四、在课外活动中创造美

语文中的美育,存在于语文教学活动中,也蕴含在一切以培养语文习惯和能力的活动中。

疫情期间的清明节,不像以往那样走出家门到烈士、先辈们坟前祭奠。学生们除了网上留言寄哀思,还开展诗朗诵和祭奠先烈的活动。学生们首先诵读唐代诗人杜牧的《清明》:"清明时节雨纷纷,路上行人欲断魂。借问酒家何处有?牧童遥指杏花村。"了解到这首诗描写的是清明时节的天气特征,同时借助清明节的特殊传统意义,抒发了孤身行路之人的情绪和希望,以及对家里亲人的思念。然后,教师引导学生根据古诗的意境结合疫情进行创作。有的同学写道:"甲子更年疫菌袭,神州鄂地陷危机。中央指挥来援助,志士仁人以死赴。清风细雨祭英烈,吾辈英魂警后人。"还有的同学根据《清明》这首古诗结合疫情形势,编写了现代白话文。有的同学还把自己的作品和杜牧的作品《清明》编排到一起,创作清明小报,用唯美的诗句和美图祭奠英烈。在清明祭英烈与学习杜牧诗的过程中,学生们不仅体会到了古诗句的美,还在活动中创造了美,提升了审美意识。

总之,在小学语文教材中,有丰富的艺术形象、引人入胜的深邃意境、凝练生动的优美词句、强烈感人的抒情色彩,教师除了让学生感受体验这些以教材内容为本的审美内容及形式外,还要遵循学生的审美规律,开展拓展活动,由浅入深、由表及里、由感性到理性,才能更好地在教学中进行美育渗透,从而提高学生的审美素质。

(作者系北京市朝阳区实验小学左家庄分校张春英)

参考文献

《义务教育语文课程标准(2022年版)》[M].北京:北京师范大学出版社,2022.

"双减"政策下构建"社团－信息化2.0"课后服务模式

摘要:在"双减"政策下,课后服务质量提升成了学校必经之路。信息化2.0与社团课程结合共同构建"社团－信息化2.0"课后服务模式,可以全方位提升学生信息素养,提高学生课后服务参与度,加强学生与家长课后服务的满意度,助力学生全面发展。

关键词:"双减"政策;信息化2.0;课后服务;社团

2017年3月,教育部印发了《关于做好中小学生课后服务工作的指导意见》,指出"要充分发挥中小学校课后服务主渠道作用,广大中小学校要充分利用自身在管理、人员、场地、资源等方面的优势,积极作为,主动承担起学生课后服务责任"。2021年7月,中共中央办公厅、国务院办公厅印发了《关于进一步减轻义务教育阶段学生作业负担和校外培训负担的意见》,提出"全面压减作业总量和时长,减轻学生过重作业负担"。"双减"政策的落地,意味着更多的学生将回归校园接受课后服务,因此课后服务课程要留住学生,是需要高质量课后服务来作支撑的。2018年4月,教育部印发《教育信息化2.0行动计划》,在此基础上如何在"双减"政策下实现课后服务与社团课程有机结合,实现社团课程与信息化2.0有机结合,并共同服务于提升学生课后服务质量,是教育关注的重点。

一、课后服务现状分析

"双减"政策颁布后,课后服务被寄予了较高期望,逐步从普及巩固阶段转向提质增效阶段。据统计,截至2021年9月22日,全国10.8万所义务教育学校中,96.3%的学校开展了课后服务,85%的学生接受了课后服务。相信这一数据还会继续增长,这些数据也表明,在"双减"政策下,课后服务普及率已达较高水平,而在此基础之上,社会各界尤其是广大家长开始更为关注课后服务的质量。据调查统计,当下课后服务广大家长最为关心的三个方面是学生的人身安全、课后服务内容安排和课后服务效率。高质量的课后服务项目要求学校能提供符合学校文化积淀基础,有特色、有内涵又有趣的服务内容,尽最大努力满足学生的多样化需求。

与课后服务开展的初期不同,当前课后服务从"被动地看"转变为了"主动地教",课后服务也应作为课程进行开展,从育人的角度出发,提升课后服务质量。当前各个学校都在为课后服务的开展出谋划策,无论是与体育结合,与查缺补漏结合,还是与外聘社会资源结合都是以提升质量为目标的。

二、课后服务与社团课程有机结合

在当前形势与政策之下,课后服务不能仅仅是单纯地"看孩子",而应当向更高的标准看齐,同时,提高课后服务质量有助于推进学校课内教育和课后教育一体化,进而整体提升学校育人水平和教育服务能力,因此将课后服务与其他日常教学任务进行联动,能够有效提升课后服务质量,提升学生的参与兴趣,在一定程度上缓解教师的压力。其中除最基础的"提优补困"和"校外课程进校园"外,社团课程与课后服务的结合也是十分有效的。

以朝阳区实验小学左家庄分校开展的社团课程为例,在课后服务15:30—16:30这一时间段开设学校精品社团,16:30—17:30这一时间段课后服务设置为学生自主选课的社团时间,共开设28余节选修课程,覆盖全学科教师。对比开展此项活动前后,课后服务参与学生数量显著增加,家长与学生参与兴趣明显提升。由于采取了抢课方式,在开放抢课的3分钟内,热门课程已无课余量。因此可以推测,开展学生与家长都感兴趣的社团课程作为课后服务内容,能够大大提升参与率,并且学生更开心,家长更放心。

三、信息化与社团相结合助力课堂学习

2018年4月,教育部印发《教育信息化2.0行动计划》,标志着教育信息化从1.0迈入2.0时代。行动计划指出:"持续推动信息技术与教育深度融合,促进两个方面水平提高。促进教育信息化从融合应用向创新发展的高阶演进,信息技术和智能技术深度融入教育全过程,推动改进教学、优化管理、提升绩效。"2021 年 7 月,教育部等 6 部门发布《关于推进教育新型基础设施建设 构建高质量教育支撑体系的指导意见》,对推动教育新型基础设施建设、加快信息技术与教育的深度融合作出新部署,为新形势下推进课后服务与信息技术的融合提供了有利机遇。

在"双减"与信息化 2.0 的共同指导之下,在社团开设中融入信息化,自然成为培养学生"信息素养"的又一助力。那么在课后服务的社团中怎样着力培养学生的信息素养呢? 笔者认为应当充分结合数字化资源开展社团课程。

社团课程与一般的学科教学不同,更讲究拓展学生的综合能力,授课内容更加丰富,覆盖学科更加广泛,因此相较于传统语数英一类的课堂教学,社团教学与信息化融合能力更强;此外,使用数字化资源也能够充分提高教学质量。

数字化资源包含很多,比如演示文稿,几乎所有社团都有使用;实物投影、数字化投屏等对于动手实践类社团有着很大作用;计算机、平板等对于综合实践类课程有用;还有当前市场中各种类型的软件、App、网站等都十分有用。

例如本学期朝阳区实验小学左家庄分校开展的电子绘画社团,将美术与信息技术进行结合,通过计算机、数位板、sai 软件等,将信息化 2.0 充分融入社团课后服务;摄影社团除教授摄影知识外,还学习、利用后期软件进行修图,利用 Canon 官方模拟摄影软件进行曝光度训练;纸艺、超轻黏土、围巾编织等劳动技术类社团也充分使用投屏及投影技术,帮助学生完成作品的制作。

四、结语

"双减"政策的到来让课后服务质量的提升得以实现,课后服务与社团课程的结合满足了时下家长与学生的需求,从兴趣上吸引学生参加,从课程上引领学生进步,同时信息化 2.0 不能仅停留在日常课堂中,同样也应该深度融入社团课程,从更加全面的角度育人,培养学生的信息化素养,构建"社团－信息化 2.0"课后服务模式。

(作者系北京市朝阳区实验小学左家庄分校贾泽宇)

参考文献

[1]何蕊.超九成学校提供课后服务[N].北京日报,2021 - 09 - 24(7).

[2]付卫东,曾新,冯卫国,等.中小学课后服务如何叫好又叫座[J].云南教育(视界综合版),2021(Z2):48 - 50.

"双减"背景下提升小学语文课堂教学效率的方法探究

摘要:新课程改革推进了小学语文素质教育改革,提供了全新的教学模式和方法,提高了学生的综合素质,真正展示出学生的主体地位,使学生可以掌握语文知识、增强创新能力。当前我国小学语文教学存在教师教育观念落后、教学方式单一等问题,应从优化课堂教学策略等方面改革小学语文教学新模式。

关键词:"双减"背景;小学语文;教学效率

小学语文教育着力于学生素质的培养,提高语文核心素养显得更加关键。小学语文教师应该从平时课堂教学中主动积极地探索提升课堂效率的途径,从教学实践出发,探究新课标下提升语文课堂效率的方法。

一、小学语文教学现状

(一)教师有强烈的应试教育观念

由于应试教育的影响以及越来越重的升学压力,很多教师在教学时往往过于注重知识点的教学,力求让学生在试卷上答对更多的题目。就古诗文教学来看,教师往往只详细解释考试的要点,以及一些词语的意思和具体句子的分析。文章的主旨一闪而过,往往只是就文章提出了几个问题,并告诉学生答案,以便他们能熟练地背诵。这样的教学,学生在做相关考题时往往都能回答得很好,也能取得不错的分数。由此,学生认为自己学得很好,他们的父母也认为老师教得很好。但是,根据相关调查,大多数学生只了解了重点考试的内容,对于文章及古诗文的内核则了解得不够透彻。这种填鸭式教学只能应付短期考试,不利于学生学习传统文化,不利于学生的长远发展。

（二）教师教学方式单一，对于传统文化的重要性缺乏认知

许多知识渊博的教师非常热爱并希望学生能够继承传统文化。但是，由于教学方法单一，仅通过口头叙述无法提高学生的兴趣，不利于提高教学质量和教学效率。此外，一些教师对传统文化的重要性认识不足，没有将古诗文等传统文化素材作为语文学习的重要组成部分，不利于学生的全面发展。

二、核心素养下优化小学语文教学对教师的要求

（一）变革传统观念，创新教学方法

语文教学中进行素质教育的关键就是改革传统教育思路，创新现代教学理念。教师们必须要充分意识到，小学语文课程作为教育中的基础学科，其担负着培养全民族综合素养的重任。小学语文教师一定要建立起正确的教育观，认真进行课堂统一工作，并利用语文知识素养指导学生学会做人、处事。此外，教师还要引导学生发展，帮助学生构建起自主发展的习惯，从而全面了解学生的特点，激发出学生的学习兴趣，进而实现小学生学会读书，灵活应用语言文字的目的。语文教师还必须从课堂中全面了解每个学生的实际状况，不但要开发学生的智慧，还必须培养学生全面发展所需的各项素质。在给小学生传授基本理论知识的基础上注重训练小学生的综合能力，使学生健康地成长，要做到这一点，小学语文教师就必须拥有丰厚的学识、崇高的道德、进步的思想，同时还必须关爱学生、全面了解小学生的心理，经过自身不断的努力培育出优秀的人才。

（二）变革小学语文课堂，提高语文教育质量

新课程标准下，要求教师在语文课堂教学中要注意培育学生的语文素质，促进他们健康成长。所以，在小学语文教育活动中，教师要调整课堂方法，着力培育学生的语文教学素质。近年来，涌现出不少新的语文方法，这些教学方法的使用效果很好，包括情景教育、读写结合法等。教师应根据学生的实际状况恰当地运用教学方法，在课堂教学中激发学生的想象力，充分发挥出他们的主体作用，切实培养他们的语言综合水平，进而培养他们的语言素质。教师应改变常规的教学方法，采用主动学习探究的教学方法，引导学生参加课堂活动，使学生有足够的时间开展自主学习，提升他们的能力。在培养学生自主学习意识的过程中，使他们感受到语文学习的快乐，在潜移默化中提高其听说读写水平以及综合素养。

三、"双减"背景下提升小学语文课堂教学效率的策略

（一）充分发挥学生主体作用，培育主动学习意识

新课标指出教育必须以人为本，推行主动合作研究的教学方法。首先，教师要给学生创造更多自主学习的空间。小学语文课堂教学中，教师必须重视学生的主体作用，使他们在自主学习探究中建立起端正的学习态度和优秀的心理素质。教师必须做到精讲关键内容、细说课堂重难点、多谈学生发现的问题。其次，教师要给学生创造合作研究的机会和空间。小组合作学习是新课标探索的一个崭新的教学方式，体现了语文教学的开放性、创新性，学生通过共同阅读可以锻炼协作能力，从而增进情感交流。

（二）通过课后实践提升学生素养

新课改要求语文教师除注重学生语文课本基础知识的掌握以外，还应注重课后实践环节。针对学生的实际掌握状况和语文课程要求，语文教师可以把语言教学和课外实际活动融合到一起，把语文课堂内容拓展到实际活动教学中，利用实际活动提高学生的综合素养。学校语文教师可针对学生年龄阶段的特征，要求其开展课外读书练习，并让其把课外阅读和课内学习知识点结合，一起完成读后感的写作。这样不但将有助于学生拓展课外阅读、拓宽知识视野，更有利于培养学生的概括能力和写作能力，从而达到学生整体素养的全面提高。语文课文的续写、修改，也是非常重要的实践活动，可以帮助学生培养想象力，并充分调动他们学习语文的兴趣。教师在教学中可以启迪学生思维，如依据童话书《一千零一夜》向学生提问："第一千零二个夜晚，会发生什么故事呢？"让学生发挥想象力续写童话。当学生完成续写工作后，可在班级进行"童话故事续写大赛"，让同学们自主选择作品。续写童话故事的形式，鲜活了语文课堂氛围，充分调动了学生的积极性，提升了小学生的语文素质。

（三）在教学中运用情景教学模式

不同阶段的学生在知识储备、生活阅历上有着一定的差异，在阅读能力和阅读素养上也有着不同，因此教师在阅读资料的选择上也应有所不同。教师要学会针对不同年龄段的学生，为他们选择恰当的阅读材料。针对小学低段的学生，考虑到他们的文字积累和个性特点，教师应尽可能为他们选择充满趣味性的阅读材料，如《格列佛游记》《鲁滨孙漂流记》等，这样才能最

大限度保证他们的阅读效果。在阅读过程中,教师也要为学生营造良好的阅读氛围,让他们能够全身心投入文章中。例如在阅读《鲁滨孙漂流记》后,笔者让同学们思考如果自己流落荒岛应该怎样活下来,自己是否具有独立自主的能力;如果自己仍旧处于饭来张口、衣来伸手的阶段,完全不具备自主能力,应该从何处开始改变。通过这样的情景导入,可以进一步加深同学们对于文章的理解,从而获得成长。

综上所述,在"双减"背景下,素质教育成为小学当前教学改革的重点,教师必须从小学语文教育中厘清改革教育的思路,通过创新教学理念、优化教学,培育学生的语文素养,充分发挥学生的主体地位;通过训练学生自主学习能力、学习效果考核等措施,努力提高学生的综合素养,把培养学生的语文核心素养当作改革教学的出发点,努力培养出社会发展所需要的人才。

(作者系北京市朝阳区实验小学左家庄分校孟宝云)

参考文献

洪小洁."双减"政策下提高小学语文课堂教学实效的探索[J].求知导刊,2021(52):29-31.

用核心概念撬动思维发展
用推理能力培养综合素质

摘要：小学数学新课标中明确提出："要重视推理能力的培养。"对于小学生而言，推理能力不应停留在表面，而要让学生能够从课程中积累推理经验，找到推理方法，进而培养语言表达能力，进一步形成解决问题的方法。

关键词：推理；数学广角；逻辑思维

一、推理

（一）推理的本质

从一个或几个已有的判断得出一个新判断的思维形式就是推理。学生通过学习推理内容，可以锻炼逻辑推理能力、思考力、表达力等能力。

（二）小学数学中推理的体现

在人教版教材中，每册都设置了数学广角单元。此类型单元重视培养学生的推理能力，系统化地进行情景展现与练习。但着眼小学数学教材，除数学广角是以推理为主题外，大多数单元都融入了推理知识。例如，人教版三年级上册认识时间这一知识，结束时间－开始时间＝经过时间，需要先根据实际情景推理出具体时间，再进行计算。人教版三年级的解决问题是根据问题和已知信息，排除多余条件，需要先推理出需要的信息与不需要的信息；人教版四年级上册公顷和平方千米单元，需要根据给定的面积单位先推理出是从哪个单位转化为哪个单位；类似问题还有长度单位、面积单位等内容。

二、推理的重要性

数学本就是逻辑性很强的学科，对于学生的逻辑推理能力有很强的提升作用,在日常教学中,教师要引导学生运用推理思维看问题,根据信息一步一步得到已知答案。加强推理能力培养,不仅对学生数学广角有益,对各学科的学习甚至是在生活中都有作用。

(一)推理的本质决定其重要性

推理是根据已有的知识和经验,在某种情景和过程中推出可能性结论。主要包括观察、比较、类比、猜想、估算、联想等思维形式,所得的结果不是凭空想象的,而是有依有据的。

(二)日常教学中推理的地位

推理是根据知识和方法作出的探索性判断。在平时的课堂教学中,教师更要教会学生推理。数学发展史上的每一个重要发现,推理都起着重要作用。在传授新知识之前,先让学生猜想、发现一定的规律,再对照自己的猜想进行检验,经历这样的过程,不仅对学生的数学学习大有帮助,而且对学生逻辑思维能力的提升也很有帮助。

(三)推理能力提升学科基础

如果学生对数学基础知识掌握不牢固,在解决实际问题时,思维就会被限制在一定的范围内,无法突破定式思维解决问题。这时候学生只有在教师的引导下,才能够解决问题;但是离开教师,学生自己单独遇到类似的问题就不会解决了。长此以往,学生依赖心理太强。学生的问题分析能力不足时,就不能够及时找出问题的关键点,导致不能得到正确的结果,慢慢地,学生的学习积极性也会下降。

许多教师对推理的相关理论知识理解还不够深入。学生推理能力的提升与进步,是从教师正确的教学中不断学习和掌握的,如果教师对知识的掌握不透彻,就会深深影响教学质量。许多教师在授课时不知道应该以什么方式将推理知识导入课程,这就需要好好学习探索。

三、推理能力的获得

(一)好的计算习惯提升推理能力

有的学生计算能力弱,原因一是没有正确理解算理,二是没有熟练掌握算法;此外,不好的计算习惯也是计算能力低的重要原因。有的学生审题习惯差,没有读完整题目就去做,结果不尽如人意;有的同学在计算时书写不规范。例如,抄写数字时出现错误数字、运算符号写得潦草,抄错数与符号导致结果错误;有的同学没有验算的习惯,算完就看下一题。针对这些现象,笔者认为,要想提升学生的计算能力,首先要培养学生良好的计算习惯,让学生掌握一些方法,逐渐养成好的计算习惯。

(二)课堂上锻炼推理

在高段数学教学中,常有类似题目:"推算 N 个三角形由多少根木棒组成?"经过分析和推理,得出 N 个三角形所需要的木棍数量 = 2N + 1。"长方形的餐桌能坐几人?"通过推理分析,得出结论:人数 = 餐桌数 × 4 + 2。

这样运用推理方法,经常看题目、思考其中的道理这样的训练,有利于培养学生的演绎推理能力。在数学教学过程中,教师要有意识地培养和发展学生的合情推理能力,积极开展数学活动,让合情推理能力的培养贯穿数学教学的始终。

(三)家庭教育对学生推理能力的作用

综观学生的教育,家庭教育格外重要,其是学校教育的有效补充及自然延伸,对学生的发展而言,起着非常重要的作用。学生生活在家庭中,家庭环境对学生的影响是全方面的,也是至关重要的。

而今,家长对孩子都寄予了较高的期望,重视孩子各方面能力的提高,尤其重视孩子的数学学习,有些家长在自己督促、辅导孩子的同时还聘请家教人员进行数学辅导。但是,现在家长比较关注孩子数学思维能力的培养,让孩子参加专门的"奥数"辅导,对孩子推理能力的培养不够重视。要充分发挥家庭教育独特的功能,加强家校联系,与家长沟通、互相促进,让学生在家里也多动脑、多思考,充分发挥家庭教育对培养学生推理能力的支持作用。

总之,小学数学的推理能力,不应被记录在新课标中,是必须培养的一项能力;同时它也是学生能够学好数学,提高数学素质的关键;更是学生在未来学习路上的必备技能之一。当学生的数学推理能力提高后,能够有效提高他们的综合逻辑思维能力,其他学科也会受益,促进其思维水平的全面提升。所以说,培养和提高小学生的数学推理能力应该贯穿整个数学学习过程。数学教师应该用适合学生的教学方法,用科学的、严谨的方式来提升学生数学的推理能力,使学生在日常的练习中,能够真正掌握这种能力,并能准确使用,从而提高数学学习质量及解决问题的能力,促进学生全面发展。

(作者系北京市朝阳区实验小学左家庄分校王菁)

参考文献

[1]韩富万,李善明.合情推理的地位与功能[J].北京教育学院学报,2000(2):73-76.

[2]王瑜.如何提高低年级学生的计算能力[J].信息技术时代,2018(1).

[3]范敏.对小学数学教学中培养学生"合情推理"能力的思考[J].呼伦贝尔学院学报,2011(6):96-98.

小学高年级语文教学中如何落实
"以读促写 读写结合"策略

摘要:小学语文教学中,作文教学是重点,也是难点。绝大多数学生怕作文,而怕作文的重要原因就是课外阅读少,没有素材积累;没有生活底蕴,缺乏写作热情。"少年时代的大量阅读,就好比在银行里储蓄,孩子可以终身享用它的利息。"所以,对小学生而言,要想真正解决"写什么""怎么写"的问题,必须将阅读教学与写作训练紧密地结合起来。只有读中有写,写中带读,以读带写,以写促读,学生的作文能力才会逐渐提高。

关键词:作文教学;策略读写结合

一、问题的提出

小学语文教学由两部分组成——阅读和写作。阅读与写作相辅相成、相互促进、缺一不可。学生只有进行有效的阅读,才能够更好地开展写作;反之,学生写作能力的提升也能够更好地促进阅读的开展。因此教师在进行教学时,就需要将阅读与写作进行结合,开展有效的读写训练。在阅读教学中开展读写训练能够帮助学生更好地理解文本内容,同时也可以积累更多的语文知识,为之后的阅读和写作的开展奠定良好的基础。此外,阅读教学中开展读写训练是新课改的基本要求,能够更好地满足当前教学发展的需要,以更好地培养学生的人文素养,促进学生全面发展。

二、理论依据

《义务教育阶段语文课程标准(2022 年版)》指出:"注重语文与生活的结合,注重听说读写的内在联系,追求语言、知识、技能和思想情感、文化底蕴等方面、多层次发展的综合效应。"小学作文的基本职责和主要任务是培养学生运用语言文字的能力。小学生学习语言文字主要是通过阅读和日常生活中的言语交际。著名特级教师丁有宽老师最早提出读写结合训练,强调读中学写、以写促读的思想,克服了语文教学中长期存在的读写分离的弊端。

王崧舟教授在《写作本位:读写观念的重构》一文中写道:"正如课标所强调的:'要重视写作教学与阅读教学、口语交际教学之间的联系,善于将读与写、说与写有机结合,相互促进。'在阅读教学中学习作者是怎样表达的,从阅读中学习写作,是阅读教学更重要的目的。它抓住了语文教学系统的主要矛盾,重视写作教学与阅读教学之间的联系,善于将读与写有机结合,相互促进。"所以,"读写结合"远不是简单仿写,而是"指向表现、指向写作"的"读与写有机结合"。

三、具体做法

(一)通过分析课后的练习题,确定教学方向,落实单元习作的语文要素

比如《盼》这一课文的课后习题有:"1. 默读课文,想象课文围绕'盼'写了'我'的哪些表现。2. 围绕'盼'这一心理活动,课文哪些部分写得比较具体? 选出写得生动的两处,说说这样写的好处。"通过分析得知,第一题是提问"写什么",第二题是提问"怎么写"的问题。

根据这两个问题确定一、二课时的教学目标。第一课时的目标是:认识本课"斗篷"等15个词语,会写本课生字;默读课文,了解课文是通过哪些事例来写"盼"的。第二课时的教学目标是:结合课文选取不同事件表达中心意思,明白4件事中有一件事情最能表达中心意思,学习布局谋篇的方法;感受课文是如何把"我"因新雨衣而产生的心情心理活动写具体、写生动的,说出这样写的好处;结合习作中的提示,初步列出提纲,标注围绕中心意思确定写具体的事例及运用方法。

(二)充分挖掘写作知识,为写作做好铺垫

在讲《盼》第二课时,教师先通过谈话导入,回忆第一课时文章围绕"盼"这一中心意思所写的4个事例。接着进行深入探究,研读感悟,在这一环节的教学中共分为三层:

第一层:让学生写一写、标一标这4件事的发生过程,"我"都有什么样的心理变化。通过标画发现:虽然写了4件事,但都是围绕"盼"来写的,在

标注心理变化的过程中,通过标画"盼外出"这部分词语,体会心理变化,发现"盼外出"这件事是4件事中写得最为具体的;找到课文中详写的部分,以此引导学生围绕中心意思写。一定要注意,不能平摊笔墨,布局谋篇要有重点,体现详略。

第二层:聚焦对话。感受语言的生动,这一层的主要任务是聚焦对话。通过补白和原文的对比,体会作者在语言使用上的丰富、生动、有趣,学习如何把重点写详细这一方法。这部分教学是本节课教学的重难点,课堂实施时笔者是这样做的:首先抓住表达心情的句子学习写作方法;接着利用画心情线的方法,体会人物心情的曲折变化,感受作者"盼外出"的急切心情,通过心情起伏变化的方式使文章更具体。

第三层:以读代讲。利用生生读、师生读、补白读的朗读形式,体会作者在语言使用上的丰富、生动、有趣。"先出示补白的空,请同学朗读母女对话,其他同学想想是不是听出了她没有说出的内容,只读不说。"留给学生思考的空间,然后再让学生去补白,通过补白和原文的对比体会作者在语言使用上的丰富、生动和有趣!

(三)课堂中落实方法的运用

1. 基于"初试身手和习作",让学生运用写作知识进行片段性的写作尝试

讲完《夏天里的成长》后,笔者让学生依据初试身手,围绕"戏迷爷爷"可以选择哪些方面来写,让学生自己读填、小组里交流,选择事例是否符合围绕中心意思写的。此时,只安排了说,没有写。在讲完《盼》后,笔者才安排了写习作的提纲,目的是使学生明白学会围绕中心意思写就要从两方面完成:从不同的方面或者选取不同的事例来写;将重要的部分写详细、写具体的方式是什么。

2. 以《盼》为例,利用所学的写作方法及技巧,结合单元习作列出习作提纲

笔者是这样设计的:"先请同学们打开书84页,自己读读习作要求。然后选择结合一个中心意思的词,根据所选的中心意思思考从哪几个方面或事例来写,哪个方面或事例可以作为重点详细写?请同学标出来,并在旁边写上是运用什么方式突出这部分的。最后通过分享习作提纲巩固所选方面或事例是不是围绕中心意思写的,运用的方式是什么?"通过把课上学习到的写作方法迁移到习作中,落实读写结合。

四、实践感受

（一）充分解读并挖掘课文中所蕴藏的写作知识，紧扣课文教学为后续的写作训练奠定基础

教师要做好教材的分析，首先了解单元要素和习作要求，然后熟读课文、课后习题，分析课文与习作的关系，挖掘课文的写作知识。制定教学目标及教学重难点，写出教学设计。

（二）单元整体教学，同中求异，提炼方法

如五年级下册第七单元的《人物描写一组》和《刷子李》这两篇文章。学生小组合作完成表格，对比它们之间在写法上的相同和不同之处，从而得出在描写人物时可以通过描写人物的神态、语言、心理等，具体地表现人物的特点，使人物的形象更鲜活；也可以描写周围人的反应，间接写出人物的特点。通过表格的比较，掌握习作单元的写作方法，引导学生运用到自己的习作中去。

（三）利用板书设计突出课文的重要内容

如《盼》这一课，笔者把4个事例写出来，并用符号标注出重点部分，用曲线图的方式写出了重点部分作者的心理变化，还在符号"☆"旁边写上了语言、动作、神态、心情变化，提示学生运用这些描写将重点部分写详细。板书紧扣教学内容，突出教学重点，能直观地给学生呈现完整的内容体系，启迪学生的思维，便于学生掌握写作方法。

在教学中，笔者先整体进行单元的分析，根据单元要素和每课的课后习题，紧扣课文教学挖掘梳理出写作方法，为后续的写作训练奠定基础，更为后面的教学导航。将读和写有机地进行结合，可以扫除学生写作的障碍，真正解决"写什么、怎么写"的问题，使学生体会到只要掌握方法写作文也不是那么难。

（作者系北京市朝阳区实验小学左家庄分校董蕊菊）

参考文献

［1］义务教育语文课程标准（2022年版）［M］.北京：北京师范大学出版社，2022.

［2］王崧舟.写作本位：读写观念的重构［J］.小学语文教学，2006（6）.

"双减"背景下运用读写结合策略提高语文课堂质量

摘要:2021 年,"双减"政策出台,简单来说就是做两大减法,一是全面压减作业总量和时长,二是减轻学生过重的作业负担。在"双减"背景下提高教学质量,教师在备课时就要做好习作教学单元的整体设计。课堂上运用读写结合策略,在写作教学中注重联系阅读过的课文,让课文更好地为写作铺垫。由此,单元整体设计的思想可以与读写结合的策略相结合提高语文学科课堂质量。

关键词:"双减";单元整体设计;读写结合策略;课堂质量

《义务教育语文课程标准(2022 年版)》指出:"以促进学生核心素养发展为目的,以阅读与鉴赏、表达与交流、梳理与探究等语文实践活动为主线,以学习任务为载体,整合学习内容、情境、方法和资源等要素,设计语文学习任务群。"

根据课标的要求,教师在备课时就要做好习作教学单元的整体设计。首先,要深钻教材,学习教参中单元教材说明,了解单元教材是怎样依托文化主题来编排的;其次,再抓住单元教材语文要素,明确每篇课文在单元习作中发挥的作用,将习作任务分解到每篇课文,进行单元整体设计。

课堂上运用读写结合策略使阅读和写作相联系的学习任务,以任务驱动的方式引导学生把从阅读中学到的方法运用到自己的写作中,在阅读教学中注重与写作的联系,在写作教学中注重联系阅读过的课文,让课文更好地为写作铺垫。

笔者这样的研究思路,梳理了统编版五年级语文上册第五单元和六年级上册第六单元中说明类文章的教学方法。

一、以课后题为导向,落实阅读要素

《太阳》和《松鼠》两篇精读课文的课后思考题的第一题,均涉及了"抓住文章要点"的训练,更为重要的是,本单元的阅读训练要素是"阅读简单的说明性文章,了解基本的说明方法",直接指向的就是说明方法的体会与学习,是紧紧围绕"搜集资料,用恰当的说明方法,把某一事物介绍清楚"这一写作要素的实现而设定的。《太阳》一文的课后思考题第二题,便直接指向了说明方法。

六年级上册第六单元虽然安排了 4 篇课文,但《只有一个地球》从内容上和结构上来看,课文就像是一篇倡议书,不同的是习作中倡议书要分条写出具体可以怎样做。课后第二题表面是探究课文的写法,实际是单元习作的写作思路,意在通过任务驱动的方式引导学生发现内容背后在写作上的逻辑关系,提升学生的阅读深度。通过小组合作,学生可以发现文章段与段之间存在因果关系,从而层层递进得出结论。也就是讲明了要保护地球的原因,使人信服。这部分的学习直接作用于单元习作内容的第一部分,说清呼吁大家要环保的原因。

结合课后第三题,引导学生讨论现在社会环境存在的问题,从而直接引出本单元习作。为更好地服务习作,本节课只让学生结合课文的内容与写法发出倡议,以组为单位学写倡议书的第一部分说明理由和第二部分具体做法与总结。其中,总结设计环保标语,将写标语和发出倡议合二为一,学生可总结本组倡议书的主要观点,以标语的形式呈现出来,也降低了现场编写环保标语的难度。

二、借助课文文体类型,探究文字背后的逻辑关系

《太阳》和《只有一个地球》都是说明类文章,从单元整体教学的角度来看,无论是备课还是讲授,方法是有共同之处的,每篇课文都有习作的影子,教师可以根据课文特点和学情,将习作的任务分配到每篇课文。

(一)运用句式,发现结构前后关系

《太阳》一课认识太阳与人类的密切关系。以小组合作的方式进行学习试着用"因为……所以……"的句式说一说太阳的特点与我们生活的联系。目的在于使学生发现在写作中学会文章前后的内容或事物之间是有所关联

的。再引出最后一句话："一句话,没有太阳,就没有我们美丽可爱的世界。"教师说明这样的表达不常见。带领学生回顾以前看到的说明文中都会有"大约、差不多、大多数"这样的词语以确保说明文语言的科学性、严谨性、准确性,为本单元习作在语言上的运用作铺垫。

最后感悟写法,直接提出本单元的习作页,明确单元习作是介绍一种事物,通过设问让学生谈一谈本节课对完成单元习作有什么启发。学生要能够从要写的内容和使用的说明方法上进行介绍。

(二)任务驱动,丰富写作素材

通过任务驱动的方式引导学生发现内容背后在写作上的逻辑关系,增加学生的阅读深度。通过小组合作,学生可以发现文章段与段之间存在因果关系,从而层层递进得出结论。也就是讲明了要保护地球的原因,使人信服。这部分的学习直接作用于单元习作内容的第一部分,说清呼吁大家要环保的原因。

所以课上借助学习任务,学生通过自主阅读课文和小组合作探究,能够发现课文段与段之间在逻辑上存在因果关系。不仅丰富学生的写作素材,也可以提供写作方法,将读写结合,使学生写作更加水到渠成。

三、文本联结习作要求,对比发现习作方法

教师在课堂上要有意识地设置一些学习活动,引导学生将课文与习作对比来看,读写结合,加深学生的阅读深度,明确写作时前后内容的结构关系和写法。

(一)借助对比手法学习说明文写法

出示有无说明方法的对比文段,学生直观发现没有用说明方法的部分读起来很空洞,不具体;运用了说明方法会使文章表达更清楚、具体、更有说服力。借助课文这个素材,为本单元"学生搜集资料,用恰当的说明方法,把事物介绍清楚"作铺垫,安排运用恰当的资料对太阳的某一个特点进行补充说明的学习活动,学生尝试用说明方法清楚、具体地介绍太阳的特点。一方面是为本单元习作作提前的训练;另一方面落实生生、组组之间的互动,把课堂交给学生。

学生将提前收集好的相关资料进行筛选,分别从远、大、热这三个方面进行补充说明,在生生评价和教师评价中渗透写法:在本单元的习作中引入

资料时一定要注意资料的真实性,使用时要与文章内容相匹配,避免张冠李戴。

(二)结合课后题确立习作内容与写法

在《只有一个地球》这节课中,结合课后第二题,教师引导学生讨论现在社会环境存在的问题,从而直接引出本单元习作。为更好地服务习作,本节课只让学生结合课文的内容与写法发出倡议,以组为单位学写倡议书的第一部分说明理由和第二部分具体做法与总结。总结设计环保标语,将写标语和发出倡议合二为一,学生可总结本组倡议书的主要观点,以标语的形式呈现出来,也降低了现场编写环保标语的难度。

四、总结方法,脚踏实地

在"双减"政策下,作为语文教师,要从基础出发,做好单元整体设计,要深钻教材,学习教参中单元教材说明,了解单元教材是怎样依托文化主题来编排的。再研读单元教材语文要素,明确每篇课文在单元习作中发挥的作用,将习作任务分解到每篇课文,进行单元整体设计。只有这样,才能更好地提高课堂教学质量,才能"减"出更好的效果。

(作者系北京市朝阳区实验小学左家庄分校韩冰儿)

参考文献

义务教育语文课程标准(2022 年版)[M].北京:师范大学出版社,2022.

浅谈预学单在语文教学中
对提高课堂效率的作用

摘要："凡事预则立,不预则废。"这句话强调不管做什么事,要事先有充分的准备。学生学习课程知识,课前的预习,既是心理准备,也是具体内容的准备。预习是促进学生积极主动学习、提高课堂教学质量的关键,是激发学生求知欲、学习兴趣和培养学生自学能力的重要手段。

关键词:预学;语文教学;效率

在"双减"大环境下,在新课标的引领下,如何实现减量不减质、充分体现课堂高效性成为大家研讨的聚焦点。在语文的教学中要想实现课堂减量不减质,预习很重要,可是在实际教学中,很多教师对预习这个环节重视得不够,平时布置的预习作业也流于形式,过于笼统,或者只限于一些简单的抄写作业。

对一篇课文的预习,学生提前了解了要学习的课文生字生词、课文中涉及的一些知识背景,为上课扫除部分知识障碍,而在预习中不懂的地方,他们会听得更专心。这从心理学的角度来讲,为上课创造了有利的心理状态,打好了注意定向的基础;用教育学的理论说,带着问题上课,求知欲更强,变被动为主动,预习中独自弄懂的内容,经过了积极思考,就难以遗忘;预习中没有弄清的问题,经过一番思考,听课时豁然贯通,会使学生产生强烈的印象,经久不忘,可以大大提高听课的质量。因此,预习的深入与否、效果好坏,直接影响着学习的效率。要想提高语文课堂的高效性,得从教学活动的"热身运动"——预习开始!

现在小学语文高段的预习要求总结起来有以下五点:一是认真朗读课文,不丢字不加字;二是画出本课会写的生字词,并读一读;三是借助工具书或上网查阅理解文中重点的词句;四是给课文分段、概括文章段意和主要内容;五是思考课后问题,并提出不懂的问题。在这样的预习要求下,就可以将预学单用在课堂上。预学单只用于语文课的精读课文上,只用15分钟的时间就可以调查学生对课文最初的掌握情况。预学单有七个小题,前三个是关于字词部分(字音、字形以及部首);后三个是关于第二课时,主要是针对课后练习设计的;最后一题就是让学生针对第一课时和第二课时提出不懂的问题,当然对于不同的课文预学单上面的题是不同的,这就需要教师在课前认真研读课文,设计有助于教学的课前预学单。

一、监督学生的预习情况

很多教师苦恼于无法监测学生在家的情况,尤其是预习,很多学生可能连预习的习惯都没有。很多教师现在实行的方法就是布置家庭作业读几遍课文,抄写生字、词语等,但学生总是应付家长和教师,嘴上读了几遍,可是却根本没有作任何的思考,所以说这样的预习效果不大,也不利于学生在课堂上很好地学习。通过预学单可以清晰地反映学生的思考情况,让教师及时了解学生的预习情况。在这一点上预学单有点像简单的阅读题,让学生通过这种做题的方式来发现学生的初步认知在哪里。一方面监督了学生的预学,另一方面又作了课前的调查,以便让教师课上的时候有侧重点地讲课。

二、减轻学生的学习负担

现在无论是中学生还是小学生课业负担都比较重,不仅学校的教师会布置作业,家长也会布置作业,这样学生的课业负担就会加大。学校作业应尽量把练习放在课堂上完成,不把过重的负担给学生。这样课堂上的任务也就减少了,就可以把课上节约下来的时间用来检验学生课堂的学习情况,从而减轻学生在家的任务,也就达到了减轻学生学习负担的目的。

三、充分体现了课堂的高效性

预学单的一大特点就是了解学生课程知识的难点和不懂的地方,教师在学生懂的地方就可以少讲或者避开不讲,这样就可以把节省下来的时间用在学生不懂的地方,把课堂的40分钟充分利用起来,从而体现了课堂的高效性。

比如《草原》一课,教师可能认为学生在学习文章的结构上有问题,可能不能准确地了解如何分段、总结段意,可是这里偏偏不是学生学习的难点。通过预学单可以了解学生不懂的点。学生不会的点往往是老师预料不到的,通过预学单就可以清晰地反映出来。

四、将课堂还给学生,让学生自主学习,体现以学定教

一般来讲,因为学生有了课前的预习,对课文的内容有了大概的了解,也有了一些思考。在这些基础上,教师在上课时可以花 10 分钟左右让学生针对自己不懂的问题小组进行讨论,充分发表自己的观点。学生不懂的问题可能比较集中,但肯定不会完全相同,所以学生在讨论中可以产生思维的碰撞,从而让学生教学生,对于大家都不会的问题教师就可以放在课堂上恰当地引导。这样做的好处是每个学生在 10 分钟的讨论中都能够发言,教师在这期间巡视,多关注平时的学困生,也可以有效地监控和了解不同层次学生的掌握情况。

五、提高了学生的自学能力

预习的过程,实际上就是学生在已获得知识能力的基础上,在科学的思维方法和学习方法的指导下,利用各种学习条件和途径,有目的、有计划地主动学习新知识的过程。比如,要通读或浏览课文,就要默读或速读,遇上生词难字,就要动手去翻翻字词典,才能完成预学单上的任务;对文中涉及的文史典故就要查阅有关书籍获取新知;对难解之处就要圈圈点点以存疑质疑;要综观全文,就要学着概括段意,编写提纲。可见,这一学生自我求知的过程,就是良好读书习惯养成的过程,就是自学能力培养的过程。而提高学生的自学能力正是语文教学的重要任务之一。因此,"预习"这一环节抓得好,就能有效地提高学生的自学能力,全面提高学生的学习素质。而预学单的使用恰恰就可以让学生在课前充分学习课文,从而提高学生的自学能力。

总之,根据学生的差异,根据不同课程的特点有针对性地设计每一课的预学单,能让学生的预习轻负担、高质量,能让学生在积极主动的状态中预习,真心喜欢预习,踏踏实实预习而不是应付,从而真正达到养成良好的预习习惯,提高学生的自学能力。另外,不仅课前有预学单,课上还有学习单,

学习单就是针对学生不懂的地方进行集中性的汇总,在课中或者课后对学生起到一个检测的作用,正是有了预学单和学习单的配合使用,才使得学生真正地达到会学的目的。

（作者系北京市朝阳区实验小学左家庄分校王南）

参考文献

义务教育语文课程标准(2022 年版)［M］.北京:北京师范大学出版社,2022.

应用"数量关系"培养学生问题解决能力的课堂实践

摘要：通过对现实世界中基本数量关系的观察，解决数学问题和实际问题，发展好奇心、想象力和创新意识。以下通过"加法关系、分数乘法意义、比的意义等三个数量关系模型课堂实践"的说明，要求学生经历在具体情境中运用数量关系解决问题的过程，感悟加法模型和乘法模型的意义，提高发现和提出问题、分析和解决问题的能力，形成模型意识和初步的应用意识。作为一线教师，要勇于实践，力图使小学数学问题解决能力的培养得到充分落实，使教与学双面都有无限的获得感。

关键词：提出问题；解决问题；数量关系；实践能力

《义务教育数学课程标准(2022年版)》指出："数量关系主要是用符号(包括数)或含有符号的式子表达数量之间的关系或规律。学生经历在具体情境中运用数量关系解决问题的过程，感悟加法模型和乘法模型的意义，提高发现和提出问题、分析和解决问题的能力，形成模型意识和初步的应用意识。"数学教育的根本任务在于帮助学生用数学的眼光发现问题，用数学的思维解决问题，用数学的方法解决问题。问题解决能力的培养是数学教育的重要任务。

一、多策略应用，引导学生清晰审题理解题意，有意着力提出问题的意识培养

"一套运动服共300元，其中裤子的价格是上衣的$\frac{2}{3}$。上衣和裤子的价格分别是多少元？"

教师教学此题时，要求学生读题并反复抓住关键语句分析数量关系;并通过画图进一步理解题意,从而找到两者的份数关系,学生提出要解决的问题,标注在相应的图示上。这一整套开场,从学生审题习惯的培养,到画图问题解决策略的使用,再到学生提出问题意识的培养,完全是遵循新课程标准有关问题解决的能力培养点——通过数学的眼光,可以从现实世界的客观现象中发现数量关系和空间形式,提出有意义的数学问题。

之后,教师抛出要求:把问题标记在图上;用自己喜欢的方式解决问题,可以用多种方法;先独立解决,遇到问题,可以求助伙伴;时间 7 分钟。把课堂真正交与学生,教师收集资源,并张贴在黑板上,给予学生 20 多分钟的研讨。思考、描述、倾听、反思、评价、小结、类比等形式在课堂穿梭往来。以上教学活动是学生学和教师教的统一,教师力图使学生小学数学问题解决能力的培养得到充分落实。

二、多角度解决,引导学生创新思考倾听反思,多方面着力问题解决能力的培养

(一)加法关系模型帮助学生最快掌握问题解决的基本途径

设上衣 x 元,裤子 $\frac{2}{3}$x 元。列式为 $x + \frac{2}{3}x = 300$。学生最早形成的思路是:上衣价格 + 裤子价格 = 运动服的总价。这是常见数量关系中的加法关系模型,也是学生最早接触最为熟悉的一种关系——"部分 + 部分 = 整体"。熟知的内容应用起来得心应手,可以很顺畅地解决生活中的这个新问题。与此同时,加法关系与简易方程相结合,同样都是一种基本"数量关系",同样都是解决问题的一种基本途径。

此外,学生也出现了这样的结果展示:设裤子 x 元,上衣 $\frac{3}{2}$x 元,$x + \frac{3}{2}x = 300$。这是学生根据第一个模型形成的列式,同样根据的是加法关系与简易方程的结合,更进一步说明加法这个基本关系在学生心目中的重要性。教师此时有意引导学生对两题进行对比,进一步加深基本加法数量关系这种问题解决的基本途径:"裤子价格 + 上衣价格 = 运动服的总价",也帮助学生解决了"标准"变化后理解的难点与重点:引导学生关键理解谁是谁的 $\frac{2}{3}$,谁又是谁的 $\frac{3}{2}$。

（二）比的意义关系模型帮助学生从份的角度灵活掌握问题解决的基本途径

学生通过画图、关键句分析等，在充分理解题意的基础上，利用比的意义关系模型，从份的角度来解决问题。上衣 3 份，裤子 2 份，上衣与裤子的和是 5 份，这 5 份总价是 300 元，从而达到解决问题的目的。小学低中年级接触有关"份"的概念，明确"倍"的意义，到了高年级"比"的意义应运而生。无论是什么，其实都离不开"部分 + 部分 = 整体""求一个数的几倍是多少？求一个数的几分之几是多少？"等这些最为基本的数量关系，这是学生掌握问题解决的基本途径。可能学生的展示有不同，但都是这样的"数量关系"的应用，在理解题意的基础上，先求出一份是多少，再用乘法解决几份是多少。题目不太一样，但背后的思路是完全相同的，这里份、倍数、比是学生们最喜欢的一种思路，在问题解决中也是学生最喜欢应用的方式之一。

（三）分数乘法意义关系模型，帮助学生从新的角度掌握问题解决的基本途径

所谓"分数乘法意义"关系的模型，即已知一个数的几分之几是多少，求这个数的关系，也是"求一个数的几分之几是多少"的一种逆向思维的应用。例如，已知上衣价格的 $(1 + \frac{2}{3})$ 是这套运动服的总价，求上衣价格就用 $300 \div (1 + \frac{2}{3})$；同理，已知裤子价格的 3/2 是这套运动服的总价，求裤子价格就用 $300 \div \frac{3}{2}$，都是分数乘法意义关系模型的一种应用。以上这种数量关系的寻找是建立在对分数乘法意义关系模型掌握很熟练的基础上，要很准确地明确谁的几分之几是谁的这样一个关系模型，也是一种很典型的数量关系，从而从新的角度来解决生活中的实际问题，培养学生问题解决的新途径。

三、多关系融合，引导学生多种关系清晰把握，全过程着力实践能力的培养

常见数量关系模型的应用，在培养学生问题解决能力方面作用很大，教师可以通过这样的一堂课程体会其中的优势。从低年级加法模型中数学问题的解决入手，帮助学生建立良好的解决问题的意识思维，问题解决也会得心应手。

当然,这样的常见数量关系模型的应用也不是简单的独立存在,随着年级的增长,各种数量关系模型是互相融合、互相掺杂在一起的,是不分你我的。

把常见数量关系作为数学课程的一个核心内容,单独设计,形成大单元教学,引导学生逐步形成模型意识和几何直观,提高学生解决问题的能力。

常见数量关系也不是简单的以上几种,学生问题解决能力的培养不只是数量关系这样一种。作为一线教师,要勇于实践,力图使小学数学问题解决能力的培养得到充分落实,使教与学双面都有无限的获得感。

（作者系北京市朝阳区实验小学左家庄分校解建峰）

参考文献

马云鹏,朱立明.从应用题到数量关系:小学数学问题解决能力培养的新思路[J].小学数学教师,2018(6):4-7.

"双减"背景下低段读写结合的实践研究

摘要：读写结合模式在课堂中的开展，有助于让学生通过阅读拓展知识面，同时通过阅读陶冶学生的文学素养和情操。通过写作增进学生对文字的应用能力，让学生善于通过文字表述情感，综合提升学生的语文学习水平。因此，语文教师要认识到读写结合模式应用的意义，主动应用读写结合方法强化整体教学效果。

关键词：读写结合；词句教学；实践

在平常的课堂教学中，"读写结合"是通过以读带写、以写促读的读写训练，使学生的能力得到提升，思维得到发展，这是基于中高段语文课堂教学的读写结合关注点。而在低段的语文课堂中，尤其是在"双减"的背景下，要提升学生的语文素养，"读"与"写"该如何有效结合，让低段的阅读课堂扎实有效呢？近三年，笔者在低段语文教学中进行了一些读写结合的尝试，提高了学生的书面语言表达能力，为中年级习作奠定了坚实的基础。

一、读中积累语言

在小学低年级语文写作教学中，词句的准确应用尤为重要，而只有在充分理解词句含义的基础上，才能对文章进行本质上的把握。一年级第一学期学生刚进入小学阶段，识字不多，词汇量也较少，在学习课文的时候，教师要有意识地引导学生对一些有特点的词语进行积累。因此，教师要依托文本，灵活采用联想、关联、对比等方法展开词语记忆教学，以提高学生的词语掌握量。

比如，一年级《树和喜鹊》一文中的"安安静静"一词，教师通过创设情景，指导学生通过反复朗读，通过发现词语特点进行积累，而后引导学生思考："你还知道哪些这样的词语？"学生争先恐后地说："快快乐乐、干干净净、红红火火……"而后在学习《怎么都快乐》这篇课文时，结合课文中的踢足球、打排球等活动，让学生想象情景，理解运用积累的词语。学生在教师的引导下，积极表达，大胆创新。例如：放学后，我和同学们快快乐乐地玩游戏；我和同学们在操场上开开心心地踢足球……到了二年级，词语的积累也要循序渐进地进行。比如，在教学《植物妈妈有办法》一课中的"纷纷"一词时，教师问："蒲公英娃娃是怎样离开妈妈的？"学生回答说："是纷纷离开妈妈的。"教师问："纷纷是什么意思呢？生活中还有哪些事物可以用'纷纷'来形容？"学生回答得精彩纷呈，有的说雪花纷纷从天上落下来，像个小精灵；有的说树叶纷纷落下来，像蝴蝶在飞舞……通过学生的表达，可以看出学生已经理解了"纷纷"一词，并会运用，这就达到了积累词语的教学目的。

二、练习模仿语言

随文练笔是一种重要的语言训练，其选材角度小、内容简短，紧随阅读教学且形式多样。教师要根据学年教学目标和教材编排的读写训练项目，并且要跟学生的语言发展水平相符合，符合儿童的语言"最近发展区"。这种具有规律性的语言现象就是教学所需要选择的例子。叶圣陶说过，在课文中选择"例子"是件不容易的事，教师必须在潜心钻研教材、把握课文的语言特点上下一番功夫。

一年级课文《小书包》是一篇特别适合开展"读写结合"教学的儿童诗，语言简单、结构特点鲜明，学生读起来朗朗上口。在落实课后题"说一说你的书包里有哪些文具"时，教师引导学生："你能用儿歌的这种语言说一说你小书包里的宝贝吗？"学生能够模仿表达出："我的小书包，宝贝真不少，蜡笔水彩笔，彩纸画画本……"学生的语言有了初步的语言特点，能够做到字数工整，并读出节奏感。

在教学二年级课文《植物妈妈有办法》一课时，学生进行仿写练习。有的学生写道："柳树妈妈准备了羽绒衣，把它送给自己的娃娃，只要有风轻轻吹过，孩子们就乘着风纷纷出发。"有的学生写道："凤仙花妈妈更有办法，她把自己晒在太阳底下，啪的一声，果实炸开，孩子们就蹦着跳着离开妈妈。"有的学生写道："樱桃妈妈有个好办法，她给孩子穿上红红的衣裳，只要可爱的鸟儿吃了它，孩子们就能去田野、山洼。"……如此，学生能够仿照课文句式，把一些植物传播种子的方法表达清楚。

三、圈画品读语言

笔者认为,在语文课堂中,学生在阅读过程中的圈圈、画画也是动笔的部分,也是读写结合的一种呈现,那么低段的课堂,该怎么呈现这样的读写结合呢? 在二年级课文《雾在哪里》一课的教学中,教师先引导学生开展了以下两类活动。

(一)圈一圈,梳理文脉

第一学段的语文课堂阅读教学是对课文主要内容的整体感知,先让学生动笔圈圈关键词。教师问:"又淘气又顽皮的雾孩子可喜欢玩捉迷藏了,请你思考:雾来到哪里,他把什么藏起来了?"学生随后圈画提取信息。教师追问:"同学们都在课文中找到答案,现在,你能看着黑板上的字,来说说课文的主要内容吗?"如此,学生借助关键词来整体感知课文内容,并有了用简单的话有条理地梳理文脉的学习经验,为今后的语文学习奠定了基础。

(二)批一批,感知形象

小学低年级是儿童语言和思维发展的最佳时期,所以,每一名教师都要善于抓住机会,不但要为听说打好根基,而且要为读写打好基础,从而在促进学生语言和思维发展的过程中,能够得到事半功倍的学习效果。

教师继续尝试引导学生学习迁移和运用:"雾孩子的本领真大呀! 相信小朋友们的本领也很大! 请同学们看这段话,你发现了什么? 请你用小圆点在句子中注一注。你都给谁注上了小圆点呢?"引导学生关注有两个句子都用了"无论……还是……都……"这样的句式来写雾藏起来后的景象,而后继续引导"就像这样说,雾还藏起了什么?"

语文学习要"得法于课内",学生们在领悟、理解和学会关键点后,能举一反三,并延伸到课外,才达到了提升语文素养的目的。

四、理解迁移语言

学生的想象充满了创造色彩,充满了灵性。低年级的学生想象力特别丰富,作为老师要充分利用好学生的这一特点,培养和发挥其想象力。如教学《黄山奇石》一课时,学生先通过品读课文,体会作者的描写方法,再结合自己的丰富想象,对照图片尝试仿写了一段课文,语言表达得到了提升。

所谓"读写结合",必定是读写相辅相成,在教师给予了适宜的、梯度的句式训练之后,学生对句式的把握已经得到巩固,语言表达能力也得到了提升,那么就减少了提笔书写的障碍,将所说、所想通过文字形式表达出来,也就不再是教学的难点了。

以上是笔者在低段教学中的一些做法,与高段的读写结合教学不乏共同点,但更有不同。低段的课堂更多的是关注生字词的教学,以及句式的教学。因此,在低段的阅读教学中,将读写结合的教学策略渗透到生字词的教学以及句子的教学中,才能让课堂更加扎实有效,才能更大地激发学生的学习兴趣、提高学生的阅读能力水平,在课堂中提升学生的语文素养,减轻学生的课后负担,同时为中高学段奠定基础。

（作者系北京市朝阳区实验小学左家庄分校赵莉）

参考文献

[1]刘太会.读写结合　并蒂花开——浅谈小学语文教学中读写结合的有效策略[J].课程教育研究,2019(34):71.

[2]李景峰.双剑合璧让教学更高效——漫谈读写结合在小学语文中的应用[J].学周刊,2019(23):137.

"双减"下增强教师的课堂监控意识

摘要："双减"背景下,小学课堂监控意识不够,传统的教学观念没有得到及时转变,对新课堂教学缺乏反思,致使整体教学效果提升力不足。如何提升增强课堂监控,值得教师思考。发现小学课堂监控问题并探讨如何增强课堂监控意识十分重要。

关键词:"双减";小学课堂;监控意识

追求发展是人类社会永恒的主题,追求发展同样是教育永恒的主题。随着"双减"工作的逐步推行,"以学生为本"越来越重要。"以学生为本"是学校教育科学发展的根本保证。学生是祖国的未来,教师的根本宗旨就是全心全意为学生服务。教育措施就要更全面、更准确地反映学生的利益,更好地、更有力地体现学生的利益。"以学生为本"就是要以学生的全面发展为目标。增强教师的监控意识,是"双减"背景下实现"以学生为本"、体现学生利益、落实学生全面发展的重要举措。

"刚讲的知识,一考学生就错;刚说的要求,学生一会儿就问;讲了半天学生根本不听……"这类现象,在平时的课堂教学中屡见不鲜。所以课堂监控意识的增强是很有必要的。面对时间少学生多的现状,教师该如何实施监控呢?

教师接触学生最多的时间就是课堂教学的时间。课堂教学是一个信息交流的系统,教学过程是一种信息传递的过程。在这个过程中,教学目标通过教师与学生之间的信息传递、储存、反馈等一系列活动而得以实现。然而,课堂教学中教师与学生之间的信息传递、储存、反馈等一系列活动是否发挥了它应有的实效呢?落实课堂监控措施,是促进课堂教学中一系列教学活动取得实效性的关键举措。

一、关注课前一分钟

每当教师走进教室,眼睛就会默默地迅速搜索,尽量关注到每一名学生,用心记住每名学生在做课前准备的表现。当上课的预备铃声响起,就立刻向同学们反馈刚才看到大家准备学具的情景。这个反馈为了使同学们乐于接受,主要采用表扬的方式发表看法。同学们此时更加规范了自己的言行,坐得笔直。在这样的氛围里开始新的教学,教学效果事半功倍。

课前准备的一分钟,学生得到老师的表扬心里乐滋滋的。对于个别榜样的树立,在潜移默化中也会得到良好的效果。表扬是对学生最好的激励。课前一分钟,既监控学生学具的准备情况,又有效激发了学生的学习兴趣,为课堂教学开了个好头,为课堂教学的顺利进行奠定了良好的基础。

二、多留给学生思考的空间

课堂上,教师总是怕冷场。刚提出个问题,总希望大家都能举手。一见有人举手便马上请其回答。这样一节课下来,整体上很流畅,气氛也较活跃。但是仔细想一想,一个问题提出马上就有人回答的话,这个问题的实效性不值得怀疑吗?每班都有思维敏捷的学生,一个问题提出刚有一两个同学举手,其他同学还没来得及更多地思考,一个问题过去了。这说明教师只注重自身的教学,而更多忽略了学生的反馈。逐渐地,课堂成了几个人的"天堂",甚至是"一言堂"。

现代课堂教学强调"以学生发展为本"。课堂教学过程要面向全体学生,要有利于促进全体学生的全面发展。换句话说,现代课堂教学过程就是要针对全体学生,努力做到"一个都不能少"。课堂教学中要关注每一名学生。因此教师也会十分注重问题的设计,教师自我监控落实的同时,往往容易忽视学生的反馈。对于老师的问题学生没有有效的反馈,就失去了它存在的价值。因此,课堂教学中,教师在提问之后,要给学生充分的考虑时间,使问题充分发挥它的作用,听到更多学生经过思考后的成果,唤起学生更多的思考,收获学生更多的思考信息,使教师真正监控到学生的思维,关注学生的反馈,才会使课堂教学收益更多。

三、小组合作实效好

在实践教学时，要关注学生参与的实效性，也就是要监控教学形式的落实。教学形式的选择是教师充分考虑学生的认知、学生的兴趣而作出的，是"以学生为本"的一种体现，"以学生为本"还要体现在学生的参与。哪种教学形式能够关注到每一名学生，能够促进学生的科学发展，教师就要选择哪种教学形式。

小组合作是一项能够使学生全员参与的教学形式。合作中，学生能够彼此借鉴经验，能够锻炼学生交际、交往的能力。班里学生多，作为教师很难监控所有人是否落实本课要求到位，此时将他们优带差分好小组，优生监控差生，同时优生也能再加深一次印象，课堂效果事半功倍。

四、作业要求要明确

在很多情况下，需要学生独立完成课堂作业。实际教学中，笔者发现，虽然教师带领大家分析了作业要求，但在落实时却忘了。随着时间的推移，有的同学干脆不理睬教师的作业要求，随意性强烈。教师在批阅学生作业时只是简单提出建议，没有过多的要求。再加上随着学生年级的增长，知识不断加深，一旦学生不能随心所欲地达到老师的要求时，学生就放弃了，甚至出现"无所谓"的现象。意识到监控措施不利后，教师应改变策略。首先，增强对表现好的同学的表扬力度，发小纸贴；其次，主动走到学生身边巡视，发现问题及时纠正学生。几节课下来，每节课都有不同的作业重点，学生也注意落实了。

监控可以使教师的课堂信息传递得更具实效。实施课堂教学的监控策略，有利于教学实效的提升。

五、关爱每名学生

监控意识的增强，会促使教师关注每一名学生。"以学生为本"首先体现的是教师在课堂教学中要充分关注到每一名学生，要创造更多的优质教育和教学资源，为每一名学生的健康发展和茁壮成长提供良好的教学环境。

尊重学生差异的同时，为了关注到每一名学生，在课堂教学中，教师不仅要注意对学生语文素养的监控，做到及时表扬，也需要关注学生在课堂表现中的一切行为,捕捉一切可以表扬的契机。例如,有的学生学习比较懒惰,总不爱完成作业。笔者特别注意他在课上的表现,放大他的点滴进步。例如,表扬他:"今天某某同学读书声音洪亮,很投入,进步了,大家说我们应不应表扬他?""应该!"班里的同学回应。有时笔者也会对他进行个别辅导,然后再大力表扬一番。逐渐地这个同学不排斥语文了,最后甚至爱上学语文了。

学生的进步就是教师的进步。教师课堂监控意识的增强,就会提高课堂教学的实效性。

课堂教学不仅要传授给学生知识,更重要的是让学生学会学习,培养他们可持续的学习动机和终身学习的能力。因此,作为课堂教学的组织者、引导者和促进者,教师在课堂教学中,要不断注意监控学生的学习行为和学习活动,在学生自主观察、实验或讨论时,教师应该积极关注学生的变化,仔细地看、认真地听,设身处地地感受学生的所作所为、所思所想,随时掌握教学中的各种情况,设计下一步如何组织、指导学生的学习活动,才能使课堂教学达到教师的"教"与学生的"学"自然完美的统一。

(作者系北京市朝阳区实验小学左家庄分校魏雪晴)

参考文献

[1]王淑清,王玉芬.浅谈小学课堂教学监控能力提升策略[J].学周刊,2018(6):134-135.

[2]王树勇,辛雅莉,周志武,等.加强课堂教学过程监控　促进课堂教学质量提高[J].广东水利电力职业技术学院学报,2017(1):59-62.

[3]牛凤仙.课堂教学监控的问题与矫治[J].教育,2017(9):58-59.

小学体育教学中实施美育教育的探析

摘要:随着小学体育课程的不断改革,体育教学内容也逐渐丰富。小学阶段学生的身心健康发展是我国教育的根本。因此,体育教学内容受到了社会各界的广泛重视,而体育中的美育能够帮助学生增强良好的身体素质、提升审美观念以及自信心。学校体育美育教育主要是锻炼小学生个体的精神品质、激发其生命热情、陶冶其人格。通过体育的运动之美、德行之美,促进小学生个体完整人格、自由精神的养成,降低学生的学习压力,帮助学生稳定专注力,从而对小学生素质教育起到促进作用。

关键词:体育美育;小学生;素质教育

体育是人类针对自身所创造出的一种身体运动文化,自诞生之日起,就与美结下了不解之缘。从古罗马竞技场角斗士的健壮身体之美到现代奥林匹克"更快、更高、更强、更团结"的理念之美;从石雕、陶俑等所附着的体育形象,到如今遍布各个角落随乐而动的民间体育活动,这一系列具体鲜活的事实,全都印证了体育之中蕴含美的元素。本文通过探究体育美育的概念,体育与素质教育的关系,进而提出美育在小学体育教学中的重要性,找到美育在小学体育教学中的应用实践对策,以对小学生素质教育起到促进作用。

一、体育美育的概念

小学体育与美育的关系是一种"化合"的关系。学校美育就是情感教育、人格教育。体育美育,表面看是体育活动本身的运动美感,但引起这种"美感"首先在于动"情",即能够引起个体的情感共鸣和情感生长。在学校体育教育中,情感共鸣是个体对于体育形式美、精神美所产生的认同倾向;而情感生长,是在共鸣基础上催生并升华的结果,是个体亲身参加体育活动产生的,可以对小学生素质教育起到促进作用。

二、体育美育与素质教育的关系

体育美育是从人的全面发展教育中提出来的,最终目标是促进学生身心自由和谐与全面、可持续发展。这是小学体育美育实践的根本使命。学校体育的美育实践在身体自由、自制的前提下,促进个体的身心自由水平的发展。因为,体育本身就是自由之美的呈现,是精神之美的身体表达。

素质教育不仅向学生传输文化知识,还能教给学生如何为人处世,更懂得如何做人,做对社会有用的人。体育是小学素质教育中不可或缺的一门课程,体育美育能够调控学生的情绪、放松身心状态、愉悦精神,使他们更好地体验生活、快乐学习。

三、美育在体育教学中促进小学生素质教育的重要性

(一)提升学生的学习能力

体育教学主要是帮助学生协调四肢以及头部、躯干等众多部位根据要求进行运动。体育美育通过编排体育节目(如健美操),增强学生的身体协调能力以及自主锻炼能力;此外,动作的编排有助于培养学生的创新能力,逐步提高学生的学习能力。在体育美育教学中通过动作的灵活多变增强学生的注意力,并且丰富学生的认知。

(二)提升学生的审美能力

体育美育有助于提升学生的审美能力,提高学生的创新能力。体育美育可以培养学生正确的站立姿势,收腹提臀以及抬头挺胸,不仅能够纠正学生的不良姿态,增强学生的身体素质;也能够锻炼学生的韧带和肌肉,从而达到塑形的目的。在实践教学过程中,借助轻松愉悦的音乐,有助于培养学生的韵律感和节奏感,增强学生的音乐鉴赏能力,提升学生的审美能力。

(三)提高学生的运动水平

体育美育是借助肢体语言表述意识的运动,在运动过程中不仅能够满足自我需求,也能够找到恰当的交流方式,使学生在轻松愉悦的氛围中学会正确处理彼此关系。在学习探讨中也能够接触不同班级的学生,以体育为沟通桥梁进行多元互动,可以帮助学生构建融洽的人际关系。

(四)满足学生心理健康的需要

小学阶段的学生也承担着很多的压力,例如学习压力等,通过体育美育

教学,能够使学生在奔放的舞蹈、律动的音乐中进行压力释放,从而保持乐观向上的心态,此种积极乐观的心态,对于学生的日常生活以及促进小学生素质教育有着极为重要的促进作用。

四、小学体育美育教学内容分析

(一)根据教学目标,了解教学内容

小学体育美育教学课程,要根据教育部门以及新时代对人才的多元发展要求,与新课程改革紧密贴合,将小学体育美育课程教学目标予以明确,根据学生的实践学习情况,将培养学生的审美能力、增强学生身体素质作为教学目标。教师要掌握课程教学情况,了解小学体育美育教学内容,增强小学生的身体协调性以及灵活度,营造浓郁的学习氛围。

(二)科学选择教材,加强内容创新

无论是理论教学还是实践教育引导,教师都必须要结合体育教学发展的实际情况进行有效授课,在选择教材时必须要凸显针对性,教学难度应当与学生的实际情况相吻合,从而增强学生的体育美育学习积极性。适当地延展和创新体育美育内容,如增加健美操内容等,可以提高学生的锻炼热情。

五、美育在小学体育教学中的应用实践对策

(一)根据学生特点创新体育美育教学内容

教师在体育美育实践教学中,要根据小学生的个性化特点以及身体特点进行有针对性的教学和创新,例如针对健美操课程,教师可以通过兴趣式的引导向学生传授健美操的相关知识。同时,体育教师在设计体育美育教学课程时,也要根据不同体质的学生进行有针对性的训练和引导。由于部分男生运动量相对较大、身体素质相对较高,所以教师就可以开展对抗性的活动如篮球,来强化学生的学习能力;部分女生喜欢动作优美的运动,所以体育教师在美育教学过程中,可以通过创新体育教学课程,利用舞蹈和健美操的形式来吸引女同学的注意力,提高小学生的体育锻炼主动性。教师通过创新体育美育教学内容,并且以小学生为主体提高体育教学的科学性,对小学生的成长和发展有着重要的帮助作用。教师也要注重创新教学方式,吸引小学生的学习热情,让小学生在锻炼中成长和发展。

（二）建立科学完善的教学评价体系

体育教师在体育美育实践教学活动中,要建立科学的教学评价体系,强化学生的情感认知素养,在评价过程中要对结果进行科学的评价。体育教师通过鼓励和引导的形式,给予小学生眼神上的肯定和积极的帮助,让小学生能够在课堂上大胆地表现自我,对自己不懂的地方及时向教师请教,能够增强课堂的融洽性,有利于学生的学习发展,充分调动学生的锻炼热情。并且通过互相融合的形式来引导小学生学会创造,充分地调动小学生的学习热情,培养小学生的学习积极性,引导小学生在体育锻炼中更加享受体育美育带给自身的成长。良好的评价体系是小学生参与课堂学习的重要基础,体育教师只有认识到评价对小学生发展的重要意义,才能够与其他任课教师积极地探究美育评价的技巧,为小学生的学习做好铺垫。教师要以小学生为主体开展体育美育教学活动,及时地提高小学生在活动中的表现欲望,让学生更加享受体育美育。

六、结论

总之,体育美育教育对于学生的德育、智育的和谐发展起着积极的作用。在学校体育美育教育中,锻炼个体的精神品质、激发其生命热情,是其重要的内容。体育美育教育通过体育的运动之美、德行之美,有利于小学生个体完整人格、自由精神的养成。小学生在接受体育美育教育的过程中,不仅能够体验体育带来的愉悦感受,而且内在的精神气质也得到了升华,从而促进小学生展现自我、提高审美,培养乐观积极的人生态度。使小学生更加自信、健康地成长,进而达到德、智、体、美全面发展,真正对小学生素质教育起到积极促进作用,有效地提升小学生的综合素养。

（作者系北京市朝阳区实验小学左家庄分校唐春妹）

参考文献

[1]张云飞,宋久存.新时代背景下学校体育与美育融合的策略研究[J].当代体育科技,2021(19):125 – 127.

[2]陈美怡.体育舞蹈教学中美育教育的影响研究[J].艺术评鉴,2021(11):138 – 142.

[3]陈煌.浅议小学体育教学中的美育渗透[J].新教师,2020(2):69 – 70.

趣味粉绘

——发现美创作美

摘要:提及色粉画,它的认知度始终不高,在我国美术界属于小画种范畴,且未列入美术教育的专业课程,因此大多数人对色粉画感到十分陌生。色粉画的发展远不及人们所熟知的国画、油画、水彩、版画、雕塑等。目前,在中国真正专门从事色粉画创作的艺术家只有几千人。我们能够传承的方法就是通过学校开设课程,把这个画种的技法及特点等普及起来。从小学课堂开始,让更多的人用这种画材进行创作。未来,学生们将是色粉画艺术创作和研究的主要力量之一。

关键词:色粉画;小学;课堂;传承

一、色粉画是什么

色粉画是用一种特制的粉笔画在纹理比较粗糙的纸张上,使其能附着于画面而完成的一种绘画形式。虽然其性质同普通的黑板粉笔没有什么本质的区别,但它更为细腻,而且色相种类丰富。色粉画在西方是继油画之后的第二大画种。色粉画是一种极其轻松自如的绘画种类,从材质的特点上看,它既有宽阔的表现范围,又有很强的表现力;既可轻松简略地绘画,也可深入而细腻地刻画。它是历史悠久的西方画种,在国外有 1000 余种颜色,国内目前也能做出百余种色相的粉笔。从很多方面来讲,色粉笔都是初学者最完美的"颜料"之选,也适合小学美术课堂的教学。

二、色粉画的适用性

四年级下册《向日葵》一课,是"造型·表现"领域的学习内容,其中色彩知识的学习更是其中重要的学习内容。本课的重难点在于了解同类色、邻近色的相关知识,并且学习运用这些知识表现向日葵,从而提高学生的色彩造型表现能力。四年级的学生,学习练习过彩笔、油性粉笔(油画棒)、线描、水粉、国画等,有一定的美术基础,初步掌握色粉画并不是件难事。色粉笔能够提供一种最为直接的方式把颜料涂到作品表面,它的使用方法也是很快就能学会的。而且除了色粉笔之外,几乎就不用再准备其他的工具。

课前调研显示,学生们对于向日葵有基本的了解,可以用色彩表现出正面朝向的向日葵形象。但水彩笔和油性粉笔(油画棒)对表现色彩丰富的画面有局限性。水彩笔不能很好地进行色彩的融合,油性粉笔(油画棒)在使用的过程中学生画错不能反复叠加修改,画面会脏。

图1

色粉画可以完美地解决这些问题,色粉在色彩上可以表现丰富的空间层次或光影的色调,使用雄浑凝重的色彩表现出油画般厚重的风格,它的色彩可以层层叠加,反复刻画。色粉画除了本身具有丰富的色相外,其表现力也是非常丰富的。它既可以像油画那样深入地刻画,充分地表现对象;也可以像速写一样轻描淡写;既可以画得很写实,也可以表现得很抽象。适合不同基础程度的学生进行绘画创作,相比于油性粉笔(油画棒)更加的高级。

三、色粉画的表现手法

色粉笔能够提供一种最为直接的方式把颜料涂到作品表面,色粉笔采用侧壁涂色法,通常情况下需要将色粉笔掰断,画出的色彩会呈现一片片很宽的色块区域。在画纸上能够呈现出来的色彩深度主要取决于施加在色粉笔上的压力。在色粉笔涂色的时候可以采用角度略微有点倾斜的方式,所以涂制出来的颜色两端会有深浅不同的变化。在色粉的绘画中经常用到画影线法,就是把一系列不同色彩或色调的大致平行线条交互涂画到一起,产生的一种光学视觉上的色彩混合效果,对于色粉笔来说,色彩的混合要受到很大的限制。所以需要多种颜色的色粉笔,包括基本色相的亮色系列和暗色系列。这些色彩不能事先混合调配,任何色彩的混合搭配都必须在作品表面进行。

四、色粉笔在课堂中的应用

在任何一个画种的实践过程中,写生是最基本的训练,写生是培养学生用眼睛观察客观对象,再用工具材料把观察到的对象再现在画面上的一种训练。这种练习能提高观察、分析和表现能力,逐步达到得心应手。在本课《向日葵》的教学中,笔者采用的是色粉笔写生的方式进行教学。

(一)初步设色

在讲授完向日葵的造型以及色相的基础上,分析比较色相环和凡·高的《向日葵》中的色彩,讲授同类色邻近色的知识,让同学们在色粉笔中找到画面中的色彩,为后续的写生绘画做准备。教师示范环节中,教师介绍使用色粉笔的方法,掰断一小截通过块面进行表现,初步定位置,铺整体的色彩关系。

图2   图3

（二）柔和画面

发现在初步设色后,大体的色彩关系有了,但画面比较杂乱,在这时我们可以用刷子进行色彩的过渡。按照画面中物象的造型进行平刷,让画面达到一个柔和的效果。但是,这种方法必须重视结构的表现,造型软弱无力,纸的纹理也易被腻死。因此不适宜用得过多,太多了会显得太甜腻与俗气。适当地加一些明暗关系,可以看出花的朝向、色彩关系,把色粉不够、没画到位的地方补一补颜色。这时我们的画就成功了一半。

（三）细致刻画

经过上述两个步骤,现在的画面已经初步形成了,再就是细致地刻画了。我们根据花头的朝向、明暗关系运用同类色进行刻画,用多次重叠的方法来完成。这种技法往往用来创作。这样的方法,表现力极强,色调的过渡也非常微妙。画面能收到浑厚、凝重、沉着、耐看的艺术效果。笔力的轻重能在纸上产生出明度、色度的变化来,这是一种非常富有表现力的手法。由于色粉画不需要事先调色,而且常在有底色的纸上作画,因此,色粉画笔的原色,加上透出来的底色,实际上在视觉上已经产生了色彩的调和。尤其是经过揉擦的部分,色彩的调和更加丰富。

图4

五、学习成果

本课在讲授的过程中,学生们热情高涨,能够全身心投入。学生们的作品十分出效果,平时基础不太好的同学都画得有模有样,这使笔者非常高兴。笔者的辛苦没有白费,学生真的有收获。笔者发现色粉画超强的表现力是激发学生兴趣最好的美术表现形式之一,其简单易学,方便学生快速掌握,增强学生的自信,从而帮助学生形成对艺术活动持久的兴趣,帮助他们形成良好的艺术素养。"作品反映性格",虽然学生都在进行向日葵的写生,向日葵长得大同小异,同学们表现出来的作品风格各异,但笔者在他们的作品中看到了细腻、奔放、稳重、浪漫……色粉画艺术深深地感染着学生们。笔者也能明确地感受到他们对于色粉画的喜爱。

六、结语

经历中国百年的现代艺术的发展,不难发现,许多研究西方绘画的画家们,他们创作的作品中都有过粉笔画作的经历,而我们中国的不少画家也有试着用色粉笔这样的绘画工具,并不断发展壮大。如今色粉画教学进入小学课堂,让学生不仅可以学习中国传统文化,同时也感受体会西方艺术文化的魅力,使学生多方面发展,增长知识和见识。随着人们的生活水平不断提高和对艺术审美的追求,以及色粉画自身的优势,色粉画将越来越受人们的喜爱。希望会有更多的教师加入传承色粉画的队伍。

(作者系北京市朝阳区实验小学左家庄分校唐婷婷)

参考文献

[1]伊恩·辛普森.柯林斯色彩绘画完全教程[M].上海:上海人民美术出版社,2012.

[2]鲁宾·沃尔夫.特殊技法[M].沈阳:辽宁美术出版社,2003.

[3]理查德·麦金利.色粉画指南[M].高晓红,译.上海:上海人民美术出版社,2014.

[4]杭鸣时.色粉画名家临本[M].上海:上海人民美术出版社,2015.